소셜 비즈니스
모델

소셜 비즈니스 모델

We Were All Born Entrepreneur

김동욱 지음

★★★★★
소셜 비즈니스를
시작하려는
이들을 위한
안내서

소셜 비즈니스는 단순히 '좋은 일을 하는 것'이 아니다.

소셜 비즈니스 모델은 '착한 마음'에서 출발하지만,
반드시 '현실적인 구조'와 '수익 설계'를 동반해야 한다.

바른북스

2011년, 친환경 아웃도어 브랜드 파타고니아
(Patagonia)는 〈뉴욕타임스〉에 전면광고를 실었다.

▶ [그림1] 파타고니아 〈뉴욕타임스〉 광고

자료 출처: 파타고니아 홈페이지(https://www.patagonia.co.kr/)

기업이 소비를 유도하는 것이 당연한 상식이라면, 이 광고는 그 상식을 정면으로 거스른 파격이었다. 사람들은 충격을 받았고, 동시에 궁금해했다. "왜?"

그런데 놀라운 결과가 나타났다. 파타고니아의 연 매출은 이 광고 이후 오히려 많이 증가했다. 아이러니하게도 '사지 마세요'라는 메시지가 오히려 더 많이 팔리게 만든 것이다.

이 사례는 소셜 비즈니스가 직면하는 본질적 딜레마를 잘 보여준다.

> "가치를 우선했는데,
> 그것이 소비를 유도했다면
> 이것은 과연 성공인가?"

파타고니아는 단순한 상품이 아니라 철학을 판매했다. 이 철학이 소비자의 감정과 신념에 닿았고, 브랜드의 진정성이 소비의 동기가 되었다. 결과적으로 이 브랜드는 사회적 가치와 경제적 가치를 동시에 실현한 것으로 평가받는다.

그러나 또 다른 질문이 남는다.

> "소비가 증가해 이익이 늘었다면,

이것은 소셜 비즈니스의 성공인가?
아니면 착한 이미지를 활용한
마케팅 전략에 불과한가?"

이 물음은 소셜 비즈니스 창업자가 반드시 스스로에게 던져야 하는 첫 번째 질문이다.

1) 비즈니스 모델과 소셜 비즈니스 모델의 차이

일반적인 비즈니스 모델은 다음의 공식을 따른다.

$$문제 \rightarrow 해결책 \rightarrow 수익화$$

고객이 어떤 문제를 겪고 있고, 기업이 그 문제를 어떻게 해결하며, 고객은 그 해결에 얼마를 지급하는가를 계산한다.

그러나 소셜 비즈니스 모델은 이와는 출발점이 다르다.

$$사회\ 문제 \rightarrow 해결\ 방안(비즈니스) \rightarrow 지속\ 가능한\ 수익화$$

즉, 돈을 벌기 위해 문제를 찾는 것이 아니라, 문제를 해결하기 위해 비즈니스를 설계하는 것이다. 이때 수익은 '목적'이 아니라 '수단'이다. 다시 말해, 비즈니스는 사회 문제 해결의 도구이며, 수익은 그 도구가 지속 가능하도록 유지하는 연료일 뿐이다.

2) 그러면 왜 소셜 비즈니스는 더 어려운가?

소셜 비즈니스는 단지 착한 마음만으로는 성립되지 않는다. 아래 세 가지 이유로 인해, 실제로는 일반 비즈니스보다 훨씬 복잡하고 까다로운 전략 설계를 요구한다.

① 가치와 수익 사이의 긴장

소셜 비즈니스는 항상 '사회적 가치'와 '경제적 지속 가능성' 사이에서 줄타기해야 한다. 가치에 집중하면 수익이 줄고, 수익에 집중하면 진정성을 의심받는다. 파타고니아처럼 '가치를 소비로 연결하는 데 성공한' 사례는 오히려 드물다.

② 고객은 '가치'에 돈을 내지 않는다

친환경, 공정무역, 장애인 고용… 고객들이 이 가치를 존중

한다고 말은 하지만, 실제 구매로 이어지는 경우는 드물다. 소비자들은 여전히 가격과 편의성을 기준으로 판단한다. 소셜 비즈니스는 이 간극을 브랜딩, 교육, 스토리텔링으로 설득해야 한다.

③ 제도 · 정책 · 구조적 장벽

소셜 비즈니스가 주로 다루는 영역은 공공성과 깊이 연결되어 있다. 따라서 법적 요건, 정책의 변화, 제도적 장벽 등 외부 요인에 취약하다. 예를 들어 발달장애인을 고용하는 카페는 추가 인건비, 훈련비 부담 등으로 일반 프랜차이즈와 경쟁이 어렵다. 정부 보조가 없다면 사업 존속이 어렵다.

3) 이 책이 시작되는 이유

이처럼 소셜 비즈니스는 단순히 '좋은 일을 하는 것'이 아니다. 좋은 일을 지속 가능한 구조로 실현하는 것이 핵심이다. 단기적 후원이나 일회성 이벤트로는 사회 문제를 근본적으로 해결할 수 없다.

따라서 이 책은 다음과 같은 독자를 위한 실전서이다.

- 사회 문제 해결에 관심이 있지만 어디서부터 시작해야 할지 모르는 이들
- 사회적기업, 예비사회적기업, 소셜벤처 등 제도를 활용해 지속 가능한 사업을 설계하고자 하는 이들
- 개인의 사명감, 경험, 역량을 바탕으로 사회적 가치와 비즈니스의 균형을 이루고자 하는 창업자

소셜 비즈니스 모델은 '착한 마음'에서 출발하지만, 반드시 '현실적인 구조'와 '수익 설계'를 동반해야 한다. 이 책은 그러한 전환점을 돕기 위한 현장 중심 안내서이다. 이제 1장부터, 하나씩 그 방법을 구체적으로 짚어나갈 것이다.

목차

들어가면서

I. 사회 문제와 소셜 미션 이해하기

1. 사회 문제 정의 및 분석   26
2. 기업의 소셜 미션   40

II. 사회적기업가 정신 및 역량   55

III. 창업 아이템 및 사업화 개요

1. 고객 정의하기   73
2. 시장 분석   81
3. 경쟁사 분석 및 차별화 전략   87

Ⅳ. 소셜 비즈니스 모델의 수익화 구조

1. 소셜 비즈니스의 대표적 수익 모델   108
2. 소셜 비즈니스의 가격 설정 전략   118

Ⅴ. 사회적 가치와 경제적 가치   131

Ⅵ. 소셜 비즈니스 모델과 제도적 지원의 이해

1. (예비)사회적기업 준비하기   151
2. 소셜 벤처기업 준비하기   172

나가면서

부록
참고 자료

*We Were
All Born
Entrepreneur*

I

사회 문제와 소셜 미션 이해하기

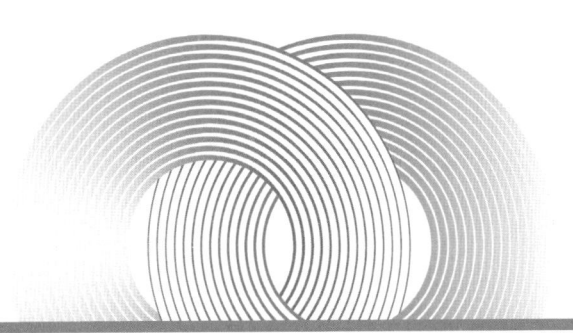

비즈니스 모델을 표현하는 수식어는 다양하지만, 이를 가장 간략하게 표현하면

> 대표자가 발견한 문제를
> 대표자의 비즈니스로 해결하는 것

이라고 할 수 있을 것이다. 마찬가지로 소셜 비즈니스 모델은

> 대표자가 발견한 사회 문제를
> 대표자의 비즈니스로 해결하는 것

으로 정리할 수 있다. 문장상으로 보자면 고작 '사회'라는 한 단어가 추가된 것에 불과하나, 소셜 비즈니스 모델에 대한 대중의 인식은 일반 비즈니스 모델보다 난도가 높다고 생각한다.

소셜 비즈니스 모델이 어렵게 느껴지는 것은 어쩌면 당연할 수도 있다. 어떠한 '문제'를 해결한다고 하는 것보다 어떠한 '사회 문제'를 해결한

다는 문장이 어감상 훨씬 무게감이 있어 보이기 때문이다. 그러나 단어 그 자체만 살펴본다면 '문제'가 '사회 문제'를 내포하고 있다. 즉, 소셜 비즈니스 모델은 비즈니스 모델의 일부라는 것이다.

그렇다면 소셜 비즈니스 모델이 비즈니스 모델과 비교하여 어렵게 느껴지는 근본적인 원인은 무엇인가? 이는 비즈니스 모델이 '해결 가능한 범위의 문제'에 집중하는 것과 달리 소셜 비즈니스 모델은 '해결 가능한 범위의 사회 문제'가 아닌 '사회 현상'에 집중하게 되는 경향이 있기 때문이다. '해결 가능한 범위의 사회 문제'가 아닌 '사회 현상'을 대표자가 발견한 사회 문제로 제시할 경우, 사회 문제의 본질과 해결 방안이 맞지 않게 되어, 모델의 실행 가능성에 의문이 생길 수 있다.

본인이 발견한 사회 문제가 '해결 가능한 범위의 사회 문제'인지 아니면 '사회 현상'인지 확인하기 위한 가장 간단한 방법은 앞서 소셜 비즈니스 모델을 나타내는 문장

> 대표자가 발견한 사회 문제를
> 대표자의 비즈니스로 해결

에 각각의 문장을 대입하여 해당 문장이 상호 논리적 설득력을 갖추고 있는지 확인하면 된다.

예를 들어 소셜 비즈니스를 준비하는 기업들이 사회 문제로 많이 언급하는 것 중 하나는 바로 '고령자의 일자리 문제'이다. 해당 기업들이 일반적으로 논리를 전개하는 방식은 다음과 같다.

> OECD 통계에 따르면 우리나라의 고령화비율 연평균 증가율은 3.3%로 OECD 회원국 중 가장 높은 것으로 나타났다. 특히 2002년 고령화사회(고령인구 비중 7% 이상)로 진입한 이후 2018년 고령사회(고령인구 비중 14% 이상)가 되었으며, 이런 추세라면 2026년에는 초고령사회(고령인구 비중 20% 이상)에 진입할 것으로 예상한다. 이에 따라 우리나라에는 다양한 사회 문제가 야기되고 있는데, 그중 핵심은 바로 고령자의 일자리 문제이다.
> 실제로 2020년 기준 국내 노인 빈곤율은 40.4%로 조사되었으며, 이는 OECD 회원국 중 가장 높은 수치이다. 한편, 65세 이상 고용률도 지난 2021년 기준 34.9%로 OECD 회원국 중 1위를 기록하였다. …

한편, 필자가 컨설팅했던 기업 중 이러한 사회 문제를 원목가구 및 펜 제작을 통해 해결하겠다는 청년 사회적기업가가 존재하였다. 해당 기업이 논리를 전개한 방식은 다음과 같다.

우리는 이러한 문제를, 원목을 활용한 가구 제작을 통해 해결하고자 한다. 우리 가구의 특징은 전통의 방식으로 현대적 작품을 만든다는 것이다. 원목을 활용하여 목재가 가지고 있는 특징을 그대로 살리고, 못을 사용하지 않고 각각의 목재를 결구한다. 같은 모양, 같은 색깔의 같은 제품이 쏟아지는 현대 사회에서 우리의 제품은 자신만의 개성을 추구하는 사람들의 바람을 충족할 수 있다. 우리는 이러한 제품을 통해 고령자에게 일자리를 제공하고자 한다.

언뜻 논리적으로 보일 수 있는 이 내용을 미사여구를 제외하고 소셜 비즈니스 모델에 대입해 본다면 다음과 같이 한 문장으로 정리할 수 있다.

<u>고령자의 일자리 문제를</u>
대표자가 발견한 사회 문제

<u>원목 가구 및 펜 제작을 통해 해결</u>
대표자의 비즈니스

그렇다면 이 문구를 그대로 되물어 보도록 하자. "원목 가구 및 펜 제작을 통해 고령자의 일자리 문제를 해결할 수 있는가?" 결론적으로 말하자면 불가능할 것이다. 기업이 유수의 대기업이 된다고 하더라도 불가능할 것이다. 고령자의 일자리 문제는 '해결 가능한 범위의 사회 문제'가 아닌 '사회 현상'이기 때문이다. 극단적으로 말하자면 '고령자의 일자리 문제'는 국가조차도 해결하기 쉽지 않은 문제이다. 물론 사회 문제는 특정한 사회 현상에서 야기되는 것이 맞다. 그러나 본인의 소셜 비즈니스가 필요한 설득력이 있으려면 '해결 가능한 범위의 사회 문제'를 제시해야 한다.

그렇다면 '해결 가능한 범위의 사회 문제'를 제시하기 위해서는 어떻게 해야 하는가? 그동안 대중적으로 사용된 방법은 '사회 현상' → '사회 문제' → '해결 가능한 범위의 사회 문제'로 차례로 내려가는 방식을 사용하였다. 이를 표로 표현하자면 다음과 같다.

▶ **[표1] 해결 가능한 범위의 사회 문제 도출 방법**

사회 현상	대표자가 문제라고 생각하는 사회 현상이 무엇인가?	
↓		
사회 문제	사회 문제	사회 문제
해당 사회 현상이 일으키는 사회 문제는 무엇인가?	해당 사회 현상이 일으키는 사회 문제는 무엇인가?	해당 사회 현상이 일으키는 사회 문제는 무엇인가?
↓		
사회 문제 원인	사회 문제 원인	사회 문제 원인
해당 사회 문제의 원인은 무엇인가?	해당 사회 문제의 원인은 무엇인가?	해당 사회 문제의 원인은 무엇인가?
↓		
해결 가능한 범위의 사회 문제	어떤 문제를 해결하고자 한다.	

정석적인 방법이나 소위 비즈니스 트레이닝이 안 된 자에게는 문제를 명확하게 정의하고 원인을 정확하게 분석하기가 어려울 수 있다. 한편, 필자의 경험상 소셜 비즈니스 모델을 준비하는 자들은 이미 '해결 가능한 범위의 사회 문제'를 인지하고 있으나, 단지 이를 명확하게 표현하는 방법을 모르는 상태인 경우가 대다수였다. 이 경우 되려 "대표자가 문제라고 생각하는 사회 현상은 무엇인가?"라고 묻는다면, 종종 대표자가 생각한 해당 사회 문제와 직접 연관된 사회 현상이 아닌 해당 사회 문제를 일으킬 수 있는 또 다른 사회 현상을 언급하게 됨으로써 전체적인 표가 어긋나는 상황이 생기기도 한다.

이에 필자가 제안하는 '해결 가능한 범위의 사회 문제'를 확인하는 가장 효과적인 방법은 다음의 물음에 답하는 것이다.

> "대표님이 이 사업을 구상하였던 사람
> 또는 상황을 사진으로 찍었다고 가정하고
> 저한테 그 사진을 설명해 주실래요?"

다만, 그 답변은 다음 [표2]의 구성으로 답하여 보자.

▶ [표2] 필자가 제안하는 해결 가능한 범위의 사회 문제 도출 방법

문제가 되는 사람 또는 상황	대표자가 문제라고 생각하는 사회 문제의 당사자 또는 상황의 상태는 어떠한가?

↓

문제가 발생하게 된 원인	(해당 시점에서) 사람 또는 상황이 처한 문제의 원인은 무엇인가?

↓

문제가 해결되지 않는 원인	(현재 시점에서) 사람 또는 상황이 처한 문제의 원인은 무엇인가?

↓

문제의 해결 방안	해당 상태의 원인을 어떻게 해결하고자 하는가?

앞서 원목 가구 및 펜 제작을 통해 고령자의 일자리 문제를 해결하겠다는 기업 대표의 답변을 예시로 삼아보자. 해당 기업의 대표자는 이 물음에 다음과 같이 답하였다.

> 대학교에 입학하고 자취를 시작하면서 자취방에 놓을 가구를 구매하기 위하여 좌천동 가구 거리를 방문한 적이 있습니다. 이름이 있는 브랜드는 아니었지만, 좋은 가구가 대학 초년생인 저조차도 살 수 있는 가격에 판매되고 있었습니다. 가구를 사고 돌아오는 길에 왜 이렇게 좋은 가구가 이러한 가격에 판매되고 있는지 궁금해졌습니다. 이에 검색해 보았더니 부산이 과거 신발 제

조뿐만 아니라 가구 제작으로도 유명하였다는 것을 알게 되었습니다 `문제가 되는 사람 또는 상황`.

백화점이 흔치 않았던 과거에는 가구 거리의 가게들이 그 역할을 대신하였답니다. 각각의 가게의 주인들이 수제로 가구를 제작하여 판매하였습니다. 그런데 백화점이 흔해지고 사람들이 백화점에 입점한 브랜드 가구를 구매하기 시작하면서 이분들의 일거리가 떨어지기 시작하였답니다. 다행히 기존의 고객들이 존재하여 어느 정도의 삶은 꾸려나갈 수 있었으나 힘든 시기였다고 합니다 `문제가 발생하게 된 원인`.

현재 이분들은 나이가 드셨습니다. 사회적으로 보면 고령자입니다. 그러나 장인이시기도 합니다. 가구 제작만 한평생 해오시던 분들입니다. 한편, 저희 세대는 백화점에서만 가구를 구매하지 않습니다. 브랜드보다 중요한 것은 가격과 질이고 개성을 추구하기도 합니다. 그러나 이분들은 현대적 방식의 마케팅에 익숙하지 않으십니다 `문제가 해결되지 않는 원인`.

이에 저희는 이제는 고령자가 되신 가구 제작 장인을 모셔 와 이들의 경험과 기술을 활용하여 현대적인 방식으로 물건을 판매하여 이들에게 안정적이고 괜찮은 일자리를 제공하고자 합니다 `문제의 해결 방안`.

대표자의 답변을 정리하여 필자가 제안한 '해결 가능한 범위의 사회 문제 도출 방법'에 대입한다면 다음 [표3]과 같이 볼 수 있다.

▶ [표3] 주식회사 A의 해결 가능한 범위의 사회 문제

문제가 되는 사람 또는 상황	부산의 고령자 가구 제작 장인의 안정적이고 괜찮은 일자리 부재
문제가 발생하게 된 원인	과거: 백화점의 대중화에 따른 개인 제작 가구의 수요 감소
문제가 해결되지 않는 원인	현재: 개인 제작 가구의 브랜드화 방법 및 온라인 유통 방안 미지
문제의 해결 방안	원목 가구 및 펜을 현대적인 방식으로 유통

동일하게 미사여구를 제외하고 정리한다면 '부산의 고령자 가구 제작 장인의 안정적이고 괜찮은 일자리 제공'이 대표자가 해결하고자 하는 사회 문제로 정리할 수 있다. 이 내용을 소셜 비즈니스 모델에 대입해 본다면 다음과 같이 한 문장으로 정리할 수 있다.

부산의 고령자 가구 제작 장인의
안정적이고 괜찮은 일자리 제공을 위하여

대표자가 발견한 사회 문제

원목 가구 및 펜을 제작하여
현대적인 방식으로 유통 · 판매

대표자의 비즈니스

    그렇다면 다시 이 문구를 그대로 되물어 보도록 하자. "원목 가구 및 펜을 제작하여 현대적인 방식으로 유통 · 판매한다면 부산의 고령자 가구 제작 장인의 안정적이고 괜찮은 일자리 제공할 수 있는가?" 사업 초기에는 몇몇 고령자 가구 제작 장인을 고용할 수 있을 것이다. 그러나 사업이 점점 커지고 다양한 내부 브랜드가 생기면 고용도 이에 맞추어 지속해서 창출될 것이다.

    이처럼 논리적으로 완성된 본인의 소셜 비즈니스를 한 문장으로 나타내는 것을 '소셜 미션'이라고 한다. '소셜 미션'이란 기업의 존재 이유 또는 기업의 사명에 해당하는 용어로, "어떤 사회 문제를 해결할 목적으로 기업이 존재합니까?"에 대한 답변이다. '소셜 미션'은 기업이 추구하는 궁극적인 모습을 담고 있으므로 기업이 어떻게 어디로 나아가야 하는지 그 방향을 인도하는 등대 역할을 한다. 따라서 소셜 미션은 진중하게 설정할 필요가 있다.

▶ [표4] 사회 문제와 소셜 미션

내가 주목한 '사회 문제'는 무엇인가?	사회 현상 → 사회 문제 → 해결 가능한 범위의 사회 문제
이를 위해 '무엇'을 할 것인가?	사회 문제 해결을 위한 우리만의 개념과 접근법 갖기
내가 지향하는 소셜 미션을 한 문장으로	우리는 (어떠한 사회 문제)를 (어떤 방법으로) 해결할 것이다.
소셜 미션 예시	• 전문적이고 과학적인 정리수납기술로 공간을 살리고 삶을 리모델링 • 함께하는 육아 문화 형성을 통해 양육자의 육아 부담 감소 • 주거공동체 형성을 촉진하여 사회적 약자의 주거 문제 해결 지원

We Were All Born Entrepreneur

사회 문제 정의 및 분석

앞서 우리는 사회 현상에서 어떻게 '해결 가능한 범위의 사회 문제'를 도출하는지, 그리고 이를 어떻게 소셜 미션으로 정리하는지 알아보았다. 그러나 잘 정리된 '소셜 미션'이라고 하더라도 사업계획서 등 상대방을 설득하기 위한 글을 쓰기 위해서는 논리성을 갖추어 우리 소셜 비즈니스 모델이 '왜' 필요한지 제시할 필요가 있다. 이 논리성을 갖추기 위해서는 다음의 세 가지 요소들이 함께 고려되어야 한다.

첫째, 대표자가 발견한 사회 문제의 사회적 중요성에 관하여 대중의 '공감'을 자아낼 수 있어야 한다. 다시 말해, 대표자가 발견한 사회 문제가 얼마나 많은 사람이 겪고 있고 얼마나 시급한지에 대하여 감정에 호소하는 것이 아니라 객관적인 자료로 제시할 수 있어야 한다.

대표자가 해당 사회 문제의 당사자라면 사업의 필요성에 있어 훨씬 진정성이 있기 마련이다. 그러나 사회 문제의 당사자라 할지라도 객관적인 자료 제공을 통해 얼마나 많은 사람이 해당 사회 문제를 겪고 있는지를 제시할 필요가 있다. 사회 문제는 최소 특정 집단이 겪고 있는 문제이기에 해당 부분이 제시되지 않을 시 개인의 문제로 치부될 수 있기 때문이다. 객관적인 자료는 문헌 조사, 전문가 의견조사, 사례연구, 면접 등을 통해 확보할 수 있다.

한편, 비록 문제가 되는 사람이나 상황의 절대적인 수가 적어 보일지라도, 해당 사회 집단이나 분야에서 겪고 있는 사람이나 상황의 비율이 상대적으로 높다면 이는 해결이 시급한 사회 문제라고 할 수 있다. 이를 언급하는 이유는 대표자가 모집단의 절대적 크기가 부족하다고 느낄 경우, 해당 사회 문제가 사회적 중요성을 갖추고 있지 않다고 여겨 종종 사회 현상을 사회 문제로 언급하는 오류를 범하기 때문이다.

▶ [표5] 사회 문제의 사회적 중요성 및 사업 필요성 제시 방법

사회 문제의 사회적 중요성 및 사업 필요성	문제가 되는 사람 또는 상황	대표자가 문제라고 생각하는 사회 문제의 당사자 또는 상황의 상태는 어떠한가?
	↓	
	문제가 발생하게 된 원인	(해당 시점에서) 사람 또는 상황이 처한 문제의 원인은 무엇인가?
	↓	
	원인에 대한 객관적인 자료	(해당 시점에서) 사람 또는 상황이 처한 문제의 원인에 대한 객관적인 자료가 존재하는가?

둘째, 문제의 본질에 대한 접근 및 분석이 필요하다. 앞서 언급하였듯이 사회는 변한다. 따라서 '사회 문제가 발생하게 된 원인'과 '사회 문제가 해결되지 않는 원인'이 다를 수 있다. 앞의 예시로 확인해 보자.

▶ [표6] 문제 본질에 대한 접근 분석 예시 – 주식회사 A

문제가 되는 사람 또는 상황	부산의 고령자 가구 제작 장인의 안정적이고 괜찮은 일자리 부재
↓	
문제가 발생하게 된 원인	과거: 백화점의 대중화에 따른 개인 제작 가구의 수요 감소
↓	
문제가 해결되지 않는 원인	현재: 개인 제작 가구의 브랜드화 방법 및 온라인 유통 방안 미지
↓	
문제의 해결 방안	원목 가구 및 펜을 현대적인 방식으로 유통

    부산의 고령자 가구 제작 장인의 안정적이고 괜찮은 일자리의 부재가 발생하게 된 원인은 백화점의 대중화에 따른 개인 제작 가구의 수요 감소에 있었다. 그러나 통계청에 따르면 2021년 기준 1인 가구의 비율이 전체 가구 구성의 33.4%를 차지함으로써 소비의 중심으로 거듭났으며, 이들은 합리성·가성비 지향의 소비를 하는 경향을 보인다.[*] 한편, 주된 구매 채널은 소셜 커머스를 선호하는데, 이는 '저렴한 가격'과 '빠른 배송'이 가능한 채

---

[*] KB금융지주경영연구소 1인가구 연구센터, 2020, 「2020 한국 1인가구 보고서」, pp. 4.

널인지를 고려하기 때문이다.* 중점 소비자와 소비자의 성향이 바뀐 것이다.

이에 문제가 발생하게 된 원인에 얽매여 백화점 입점에 초점을 둔다면 이 문제는 여전히 해결되지 않을 가능성이 크다. 따라서 '사회 문제가 해결되지 않는 원인'이 사회적·경제적·문화적 등 다양한 관점과 시점으로 어디에서 기인하는지 확인할 필요가 있다.

▶ [표7] 문제의 본질에 대한 접근 및 분석 방법

문제의 본질에 대한 접근 및 분석	문제가 해결되지 않는 원인	(현재 시점에서) 사람 또는 상황이 처한 문제 사회적·경제적·문화적 원인은 무엇인가?
		↓
	원인에 대한 객관적인 자료	(현재 시점에서) 사람 또는 상황이 처한 문제의 원인에 대한 객관적인 자료가 존재하는가?

마지막으로 종전의 문제 해결 방법 및 그 방법의 장단점을 분석해야 한다. 시대적·지역적 조건이 다를 수 있어도, 사회제도

---

* 오픈서베이, 2020, 「1인 가구 트렌드 리포트」, pp. 18.

나 사회구조의 결함 또는 모순에서 생기는 문제를 사회 문제라고 칭한다. 따라서 대표자의 시점 및 관점 또는 개인적 경험에 따라 '문제가 발생하게 된 원인'과 '문제가 해결되지 않는 원인'은 다르게 '발견'될 수 있더라도, 사회 문제는 그 자체로 존재한다. 이에 해당 사회 문제를 해결하기 위한 시도는 분명 존재해 왔다는 점을 유의해야 한다.

사회 문제를 해결하는 기관은 소셜 비즈니스 모델만 존재하는 것은 아니다. 앞서 정의처럼, 사회 문제는 '사회제도나 사회구조의 결함 또는 모순에서 생기는 문제'이기에 이를 해결하기 위하여 정부 기관을 포함하여 비영리기관, 사회적경제기업이 활동하고 있으며, 나아가 일반 영리기업에서도 사회적 가치 확산이라는 명목으로 다양한 CSR(Corporate Social Responsibility, 기업의 사회적 책임) 또는 CSV(Creating Shared Value, 공유 가치 창출) 활동을 수행하고 있다. 따라서 해당 이해관계자들의 활동을 모두 분석할 필요가 있다.

한편, 종전의 문제 해결 방법에 대한 분석은 방법론적으로는 같을 수 있으나, 경쟁자 분석과는 결이 조금 달라야 한다. 비즈니스 모델에서 고객을 '사용자'와 '비용부담자'로 세분화할 수 있다면, 소셜 비즈니스 모델에서 고객은 사용자와 비용부담자 외 '수혜자'가 존재한다. 단적으로 말하자면 비즈니스 모델에서 우리의 존재 이유가 기존 모델의 실패에서 오는 것은 아니지만, 소셜 비즈니스 모델에서 우리의 존재 이유는 기존 모델이 대표자가 발견한 '해결 가능한 사회 문제'를 여전히 해결하지 못하고 있음에서 오고 있다. 따라서 '수혜 대상'의 관점에서 종전의 문제 해결 방법의 장단점을 분석하고 이 단점에서 기인하는 문제가 해결되지 않는 틈을 확인하여야 한다.

▶ [표8] 종전의 문제 해결 방법 및 그 방법의 장단점 분석 방법

종전의 문제 해결 방법 및 그 방법의 장단점 분석	종전의 문제 해결 방법	같은 사회 문제를 해결하고자 하는 기관은 어떠한 곳이 존재하는가?
	↓	
	종전의 문제 해결 방법의 틈	각 기관의 제시한 해결 방안은 무엇이고, 그 방안이 고려하고 있지 못한 부분은 무엇인가?

각 요소를 고려하여 문장이 완성되었다면 다음으로 이 글을 하나로 연결하여 우리의 논리적 구성이 일관성이 있는지 확인하여야 한다. 문제 정의 및 분석의 구성은 다음과 [표9]와 같다.

▶ [표9] 사회 문제 정의 및 분석

사회 문제의 사회적 중요성 및 사업 필요성	문제가 되는 사람 또는 상황	대표자가 문제라고 생각하는 사회 문제의 당사자 또는 상황의 상태는 어떠한가?
	↓	
	문제가 발생하게 된 원인	(해당 시점에서) 사람 또는 상황이 처한 문제의 원인은 무엇인가?
	↓	
	원인에 대한 객관적인 자료	(해당 시점에서) 사람 또는 상황이 처한 문제의 원인에 대한 객관적인 자료가 존재하는가?

↓

문제의 본질에 대한 접근 및 분석	문제가 해결되지 않는 원인	(현재 시점에서) 사람 또는 상황이 처한 문제 사회적·경제적·문화적 원인은 무엇인가?
	↓	
	원인에 대한 객관적인 자료	(현재 시점에서) 사람 또는 상황이 처한 문제의 원인에 대한 객관적인 자료가 존재하는가?

↓

종전의 문제 해결 방법 및 그 방법의 장단점 분석	종전의 문제 해결 방법	같은 사회 문제를 해결하고자 하는 기관은 어떠한 곳이 존재하는가?
	↓	
	종전의 문제 해결 방법의 틈	각 기관의 제시한 해결 방안은 무엇이고, 그 방안이 고려하고 있지 못한 부분은 무엇인가?

필자가 컨설팅했던 기업 주식회사 B를 예로 확인해 보자. 해

당 기업의 대표자는 실제 본인이 겪었던 경험을 토대로 부산에서 '한국음악학과 학생들의 취업난'을 근거로 '부산 국악 생태계의 위기'를 사회 문제로 제시하였다. 평균적으로 40명의 입학생을 받는 특정 단과대학 학생들의 취업난이 생태계의 위기까지 이어진다는 주장은 과장된 표현으로 보일 수도 있다. 한편, 취업난은 특정 단과대학의 문제가 아니라 청년 세대가 겪고 있는 문제이기도 하다. 이에 필자는 동일하게 앞의 질문을 하였다.

> "대표님이 이 사업을 구상하였던
> 사람 또는 상황을 사진으로 찍었다고 가정하고
> 저한테 그 사진을 설명해 주실래요?"

대표자의 답변은 다음과 같다.

> 부산에서 국악을 전공할 수 있는 4년제 대학은 P 대학이 유일합니다. 이러한 환경적 요인 때문이었는지는 몰라도 해당 대학의 국악 전공 학생들은 대학 졸업 후 대부분 부산의 시립악단 등에 취업할 수 있었습니다. 그러나 우리나라 경제가 어려움에 빠지면서 해당 기관들의 신규 채용인원도 자연스럽게 줄어들게 되었습니다.

이러한 상황에서 부산에서 국악을 전공한 학생들의 미래는 크게 세 가지 길로 귀결되고 있습니다. 국악을 포기하고 전공과 무관한 취업을 하거나, 부산을 떠나 다른 지역의 악단에 들어가거나, 저처럼 부산에 남아 프리랜서로서 활동하는 것입니다.

초기에는 프리랜서로서 활동하는 것이 나쁘지는 않았습니다. 국악학과는 여전히 존재하였기에 학생들의 과외 수요도 충분히 존재하였고, 기초자치단체에 시민들을 위한 행사를 개최할 때 국악공연 또한 다수 포함하여 연주의 기회도 다분히 주어졌습니다.

그러나 학교에서는 매년 졸업생들을 배출하고 있습니다. 결국, 우리끼리의 경쟁이 시작되었습니다. 수요는 일정한데 공급이 많아지면 가격은 내려가게 되어 있습니다. 3~4건의 강습으로 꾸려나갈 수 있던 생활이 5~6건의 강습을 진행해야만 유지되었습니다. 강습이 늘어나다 보니 공연을 연습할 시간 또한 줄어들게 되었습니다. 부끄럽지만 자연스레 공연의 질이 떨어지게 되었고 이에 따라 시민들의 만족도도 떨어지게 되었습니다. 한편, 경쟁자가 많아진 만큼 연주자로서 공연에 설 기회도 점차 잃어가게 되었습니다. 악순환이 시작된 것입니다.

우리나라 헌법 제9조에 따르면 "국가는 전통문화의 계승 · 발전과 민족문화의 창달에 노력하여야 한다."라고 명시되어 있습니다. 이 흐름을 끊지 않는다면 부산에서는 더는 국악을 찾지 않을 겁니다. 저희는 청년 국악인들의 매니지먼트 업무를 통해 이들의 서류 업무 대행, 일정 관리를 대행해 줌으로써 청년 국악인들의 연습 시간과 연주의 기회를 보장하고, 공연을 기획하여 무대에 설 기회를 정기적으로 제공함으로써 부산의 국악 생태계를 다시 살리고자 합니다.

대표자가 직접 겪은 일로 진정성이 있고 설득력 또한 있어 보이지만 이를 사업계획서에 그대로 옮겨 담기에는 부족한 부분이 많다. 대표자의 답변을 필자가 제안한 사회 문제 정의 및 분석 구성 태블릿에 그대로 대입해 보자.

▶ [표10] 주식회사 B의 사회 문제 정의 및 분석 구성 분석

사회 문제의 사회적 중요성 및 사업 필요성	문제가 되는 사람 또는 상황	한국음악학과 학생들의 취업난에 따른 부산 국악 생태계의 위기
		↓
	문제가 발생하게 된 원인	경제 위기에 따른 부산 시립악단 등의 신규 채용인원 감소
		↓
	원인에 대한 객관적인 자료	-
		↓

문제의 본질에 대한 접근 및 분석	문제가 해결되지 않는 원인	1. 프리랜서 인원의 증가에 따른 내부 경쟁 심화 2. 강습 활동의 과중화로 인한 연주자로서 연습 시간 감소
		↓
	원인에 대한 객관적인 자료	-

↓

종전의 문제 해결 방법 및 그 방법의 장단점 분석	종전의 문제 해결 방법	-
		↓
	종전의 문제 해결 방법의 틈	-

원인에 대한 객관적인 자료가 제시되어 있지 않으며, 종전의 문제 해결 방법 및 그 방법의 장단점 분석 또한 빠져 있다. 해당 부분을 보완하여 완성된 '사회 문제 정의 및 분석'은 다음과 같다.

> 부산의 국악 생태계에 위기가 오고 있습니다 문제가 되는 사람 또는 상황 . 경제 위기 등에 의해 부산 내 시립악단 등이 신규 채용을 줄이기 시작하면서 과반수의 한국음악학과 졸업생이 프리랜서로서 활동하고 있습니다 해당 시점에서 문제가 발생하게 된 원인 . 실제로, 대학정보공시에 따르면 2017년 P 대학 한국음악학과 졸업

생들의 취업률은 48.3%로, 미취업자의 대부분이 프리랜서로서 생활하고 있는 것으로 확인되며, 한편 취업을 한 48.3% 중에서도 전공과 무관한 취업을 하거나, 다른 지역의 악단에 들어간 자가 다수 존재하는 것으로 확인됩니다 원인에 대한 객관적인 자료.

부산에 남아 국악을 포기하지 않은 프리랜서들은 강습을 통해 생활을 영위하고 있으며, 기초자치단체 등에서 개최하는 행사 등을 통해 연주자로서 삶을 유지하고 있습니다. 그러나 신규 채용 감소가 장기화하면서 프리랜서로 활동하는 졸업생은 점점 늘어, 내부 경쟁이 심해지고 있습니다 현재 시점에서 문제가 발생하게 된 원인 1.

실제로 2016년 대비 2017년 강습비용은 대략 3분의 2 수준으로 떨어져 프리랜서들이 기존의 삶을 유지하기 위해서는 강습에 배 이상의 시간을 투자해야 합니다 원인에 대한 객관적인 자료.

한편, 다수의 경쟁자로 인해 연주자로서 설 기회 또한 줄어들고 있습니다. 물론 좋은 실력을 갖추고 있으면 무대에 설 기회가 많아집니다. 그러나 좋은 실력은 연습에서 나옵니다. 강습에 시간을 쓰는 만큼 자연스레 연주자로서 연습할 시간이 부족해집니다 현재 시점에서 문제가 발생하게 된 원인 2. 실제로 조사에 의하면 현재 프리랜서들이 연주자로서 공연에 설 기회는 2016년과 비교하여 대략 반으로 줄어든 것으로 확인됩니다 원인에 대한 객관적인 자료.

청년 국악인에 대한 지원방안이 존재하지 않은 것은 아닙니다. 기초자치단체는 시민들을 위한 행사를 개최할 때 국악 공연 또한 다수 포함하여 연주자로서 활동할 기회를 제공하였습니다. 한편, A 재단은 청년 국악인에 대한 활동비를 지원하는 사업을 수행함으로써 경비 부담을 덜어주었습니다. 사회적기업인 주식회사 B는 청년 국악인 고용을 목적으로 설립되어 일자리를 제공하고 있습니다 종전의 문제 해결 방법.

그러나 이는 근본적인 문제 해결 방법이 아닙니다. 무대가 존재하여도 설 기회가 줄어들고 있습니다. 활동비 지원은 경비 부담을 덜어주었지만, 그만큼의 서류 작업을 요구합니다. 마지막으로 안정적인 일자리를 받을 수 있는 청년 국악인의 수는 한정되어 있습니다 종전의 문제 해결 방법의 틈.

We Were All Born Entrepreneur

기업의 소셜 미션

사회 문제를 정의하고 및 분석을 통해 '해결 가능한 범위의 사회 문제'를 도출하였다면, 다음으로 해야 할 것은 우리만의 해결 방법을 제시하는 것이다. 해당 부분을 작성하는 데는 다음의 세 가지 요소가 함께 고려되어야 한다.

첫째, 해결 방법은 앞서 확인한 '종전의 문제 해결 방법의 틈'을 포괄하는 실현 가능한 방안이어야 한다. 사회 문제 정의 및 분석을 통해 우리는 왜 기존의 문제 해결 방법이 근본적인 해결 방법이 되지 않는지 제시하였다. 따라서 기존의 틈을 포괄하지 못한다면 우리의 해결 방법 또한 근본적인 방안이 되지 못한다는 의미와 같다.

　또한 우리가 제시한 해결 방법은 실현 가능해야 한다. 즉, 해결 방법은 법의 테두리 안에서 우리가 할 수 있는 일이어야 한다. 대표자가 문제 해결에만 매몰되어 결국 법을 위반한 해결 방법을 제시하는 경우가 종종 발생한다. 예를 들어 필자가 컨설팅했던 기업을 예로 들자면, 플라스틱 원료 재활용을 사업으로 수행하고자 계획한 기업이 존재하였는데, 기업은 그 원료를 아파트 재활용 분리수거장에서 임의로 수급하고자 하였다. 그러나 관리사무소가 재활용업체와 관리 계약 등을 맺고 일정한 처리 관련 재활용 자원에 대한 금전 등을 관리사무소가 받고 주민들의 이익을 위해 사용하는 경우, 아무리 쓰레기라고 하더라도 이를 임의로 가져가 사업에 활용한다면 절도죄가 성립할 수도 있다. 해결 방법과 관련한 법률 또는 조례에 대한 기초조사는 필수적이다.

　한편, 법률 또는 조례를 조사하다 해결 방법이 벽에 부딪히면 몇몇 대표자들은 우리의 해결 방법을 관련 법 또는 정책 변화로 초점을 옮기기도 한다. 물론 소셜 비즈니스 모델은 특정한 사회 문제를 해결하는 것을 목적으로 하고 있기에, 이에 공감한 대중이 해당 사회 문제에 대해 인식을 제고하고, 이를 토대로 관련 법과 정책이 변화할 가능성이 존재한다. 그러나 법과 정책 변화를 목적으로 하는 활동은 '사회 운동'이라고 칭하지 '비즈니스'라고 칭하지는 않는다. 소셜 비즈니스 모델은 대표자가 발견한 사회 문제를 대표자의 비즈니스로 해결하는 것이다.

▶ [표11] 실현 가능한 해결 방법 도출 방법

종전의 문제 해결 방법 및 그 방법의 장단점 분석	종전의 문제 해결 방법	같은 사회 문제를 해결하고자 하는 기관은 어떠한 곳이 존재하는가?
	↓	
	종전의 문제 해결 방법의 틈	각 기관의 제시한 해결 방법은 무엇이고, 그 방안이 고려하고 있지 못한 부분은 무엇인가?

↓

실현 가능한 해결 방법
우리는 이를 어떻게 해결할 것인가?

둘째, 이를 토대로 나온 소셜 미션은 우리가 '해결 가능한 범위의 사회 문제'를 다루는 것과 같이 지나치게 이상적이지 않게 현실적으로 설정해야 한다. 앞서 언급하였듯이 '소셜 미션'은 기업이 추구하는 궁극적인 모습을 담고 있으므로 기업이 어디로 나아가야 하는지 그 방향을 인도하는 등대 역할을 한다. 따라서 소셜 미션이 지나치게 방대한 내용을 담고 있다면 방향성을 상실할 수도 있다.

그러나 소셜 미션 또한 변할 수 있다는 것 또한 인지하여야 한다. 물론 전문가에 따라 소셜 미션은 변하지 않아야 할 지고지순한 가치라고 말하는 사람도 존재한다. 필자도 이에 일부 동의한다. 기업이 바라던 궁극적인 모습에 도달하였을 때의 소셜 미션은 지고지순해야 할 것이다. 그러나 소셜 미션은, 소셜(사회적)이라는 단어가 내포하고 있듯이, 기업이 활동하고 있는 '사회'에 직접적인 영향을 받을 수밖에 없다. 사회는 변한다. 따라서 기업 활동의 가치 또한 변할 수밖에 없다. 사회가 변하지 않더라도 사업을 운영하고 기업의 규모화 정도에 따라 기업이 해결하는 사회 문제가 확장될 수도 있다. 따라서 소셜 미션은 변할 수밖에 없다. 더욱 정확하게 표현하자면 소셜 미션은 사회 변화에 발맞추어 진화해야 한다.

▶ [표12] 소셜 미션 도출 방법

소셜 미션
우리는 (해결 가능한 범위의 사회 문제)를 (실현 가능한 해결 방법)을 통해 해결할 것이다.

마지막으로 우리가 창출하는 사회적 가치를 정량적·정성적으로 제시하여야 한다. 사회적 가치란 "경제적 회계가 측정할 수

없는 공공의 이익과 공동체 발전 등에 기여하는 가치(한국사회적기업진흥원, 2025: pp. 3)"라고 정의되는데, '경제적 회계가 측정할 수 없는'이라는 문구를 오해하여 사회적 가치는 수치화할 수 없는 정성적인 것이라고만 생각하는 경우가 존재한다. 그러나 경제적 회계가 측정할 수 없다는 것은 예를 들어 기업이 취약계층을 고용하였을 때 고용은 회계상 인건비 지급으로 확인할 수 있지만, 취약계층이라는 것은 회계 그 어디에도 나타나지 않는다는 것을 의미하는 것이지 수치화할 수 없는 것을 의미하지 않는다.

  물론 사회적 가치의 경우 수치화가 힘든 정성적인 영역이 존재하는 것은 사실이다. 그러나 정성적인 변화는 정량적인 변화가 있었기에 존재한다. 따라서 사회적 가치를 정량화할 수 없다는 말은 단적으로 대표자가 본인의 소셜 비즈니스 모델을 정확히 이해하지 못하고 있을 뿐만 아니라 때때로 대표자의 소셜 비즈니스 모델이 실제로 사회 문제가 해결 가능한지 검증하지 못하였다는 말과 같다.

  앞서 플라스틱 원료 재활용을 사업으로 수행하고자 계획한 기업을 다시 예로 들어보자. 대표자는 원료 재활용으로 환경 보호에 긍정적인 영향을 미칠 수 있다고 사회적 가치를 제시하였으나, 해당 제품이 수치상으로 환경 보호에 얼마나 영향을 미치는지 정량적으로 제시하는 데 어려움을 겪고 있었다. 이에 필자가 제안한 방법은 플라스틱 원료를 재활용하였을 경우 발생하는 환경 비용과 재활용을 하지 않은 채 이를 폐기하고, 같은 양의 플라스틱을 생산할 때의 환경 비용을 비교하라는 것이었다. 나아가 대표자가 사업을 통해 발생하는 환경 비용이 만약 이를 수행하지 않았을 때의 환경 비용보다 큰 것으로 확인된다면, 그럼에도 불구하고 우리의 해결 방법이 환경을 보호하고 있다고 말할 수 있는 요소가 있냐는 것이었다.

물론 해당 부분이 이처럼 단순하게 계산될 수 있는 문제가 아닐뿐더러 이외에도 많은 사항이 고려되어야 한다는 것을 필자 또한 알고 있다. 다만, 이 이외의 고려해야 할 사항 또한 대표자가 제시할 수 있어야 하는 부분이며, 이처럼 제시한 사항들이 사회적 가치를 수치화할 수 있는 요소로 작용할 것이다.

▶ [표13] 사회적 가치 도출 방법

우리가 창출하는 정량적 사회적 가치	우리가 창출하는 정성적 사회적 가치
우리의 모델을 통해 어떠한 수치화된 변화를 이룰 것인가?	우리의 모델을 통해 어떠한 수치화할 수 없는 변화를 이룰 것인가?

앞서와 마찬가지로 각 요소를 고려하여 문장이 완성되었다면 다음으로 이 글을 하나로 연결하여 우리의 논리적 구성이 일관성

이 있는지 확인하여야 한다. 기업의 소셜 미션 구성은 다음과 [표 14]와 같다.

▶ [표14] 기업의 소셜 미션 구성

종전의 문제 해결 방법 및 그 방법의 장단점 분석	종전의 문제 해결 방법	같은 사회 문제를 해결하고자 하는 기관은 어떠한 곳이 존재하는가?
	↓	
	종전의 문제 해결 방법의 틈	각 기관의 제시한 해결 방법은 무엇이고, 그 방안이 고려하고 있지 못한 부분은 무엇인가?

↓

실현 가능한 해결 방법
우리는 이를 어떻게 해결할 것인가?

↓

소셜 미션
우리는 (해결 가능한 범위의 사회 문제)를 (실현 가능한 해결 방법)을 통해 해결할 것이다.

↓

우리가 창출하는 (정량적) 사회적 가치	우리가 창출하는 (정성적) 사회적 가치
우리의 모델을 통해 어떠한 수치화된 변화를 이룰 것인가?	우리의 모델을 통해 어떠한 수치화할 수 없는 변화를 이룰 것인가?

앞서 주식회사 B의 사례를 다시 가져와 보자. 보완 과정을 통하여 우리는 해당 사회 문제에 대한 종전의 문제 해결 방법 및 종전의 문제 해결 방법의 틈을 확인할 수 있었다.

> 청년 국악인에 대한 지원방안이 존재하지 않은 것은 아닙니다. 기초자치단체는 시민들을 위한 행사를 개최할 때 국악 공연 또한 다수 포함하여 연주자로서 활동할 기회를 제공하였습니다. 한편, A 재단은 청년 국악인에 대한 활동비를 지원하는 사업을 수행함으로써 경비 부담을 덜어주었습니다. 사회적기업인 주식회사 B는 청년 국악인 고용을 목적으로 설립되어 일자리를 제공하고 있습니다 `종전의 문제 해결 방법`.
>
> 그러나 이는 근본적인 문제 해결 방법이 아닙니다. 무대가 존재하여도 설 기회가 줄어들고 있습니다. 활동비 지원은 경비 부담을 덜어주었지만, 그만큼의 서류 작업을 요구합니다. 마지막으로 안정적인 일자리를 받을 수 있는 청년 국악인의 수는 한정되어 있습니다 `종전의 문제 해결 방법의 틈`.

한편, 대표자의 문제 해결 방법은 다음과 같았다.

> 우리나라 헌법 제9조에 따르면 "국가는 전통문화의 계승·발전

과 민족문화의 창달에 노력하여야 한다."라고 명시되어 있습니다. 이 흐름을 끊지 않는다면 부산에서는 더는 국악을 찾지 않을 겁니다. 저희는 청년 국악인들의 매니지먼트 업무를 통해 이들의 서류 업무 대행, 일정 관리를 대행해 줌으로써 청년 국악인들의 연습 시간과 연주의 기회를 보장하고, 공연을 기획하여 무대에 설 기회를 정기적으로 제공함으로써 부산의 국악 생태계를 다시 살리고자 합니다.

대표자의 답변을 필자가 제안한 기업의 소셜 미션 구성 태블릿에 하나씩 대입하여 연결해 보자.

▶ [표15] 주식회사 B 기업의 소셜 미션 분석

종전의 문제 해결 방법	기초자치단체: 시민들을 위한 행사 개최 시 국악 공연 또한 포함하여 연주자로서 활동 기회 제공 A 재단: 청년 국악인에 대한 활동비 지원을 통해 경비 부담 완화 주식회사 B: 청년 국악인 고용을 통해 안정적인 일자리 제공

↓

종전의 문제 해결 방법의 틈	무대가 존재하나 정기적으로 기회를 제공하고 있지 않음 서류 작업에 익숙하지 않을 뿐만 아니라 그 양이 방대함 청년 국악인 고용 인원은 한정되어 있음

↓

실현 가능한 해결 방법	1. 일정 관리를 통해 연습 시간을 보장하고, 공연 기획을 통해 정기적으로 무대에 설 기회 제공 2. 서류 작업을 대행해줌으로써 소비 시간 최소화 3. 우리의 서비스에 동의하는 모두가 혜택을 받게 함

↓

소셜 미션
우리는 (청년 국악인 프리랜서의 연주자로서 삶 보장)을 (청년 국악인 매니지먼트 사업)을 통해 해결할 것이다.

↓

우리가 창출하는 (정량적) 사회적 가치	우리가 창출하는 (정성적) 사회적 가치
–	부산의 국악 생태계 회복 전통문화의 계승·발전에 기여

기업이 수행하고자 하는 세 가지의 핵심 사업이 매니지먼트 사업으로 포함되어 있는 것을 확인할 수 있으며, '우리가 창출하는 정량적 사회적 가치' 외 모든 부분이 작성되어 있음을 확인할 수 있다. 해당 부분을 보완하여 완성된 '기업의 소셜 미션'은 다음과 같다.

우리는 부산의 청년 국악인들이 현재 겪고 있는 이러한 문제를 첫째, 일정 관리를 통해 연습 시간을 보장하고, 공연 기획을 통해 정기적으로 무대에 설 기회를 제공하고, 둘째, 서류 작업을 대행해 줌으로써 소비 시간을 최소화하고, 셋째 우리의 서비스에 동의하는 모두가 혜택을 받게 함으로써 해결하고자 합니다. 즉, 저희가 수행하고자 하는 사업은 청년 국악인에 대한 매지니먼트 업무입니다 실현 가능한 해결 방법 .

이를 통해 달성하고자 하는 저희의 소셜 미션은 "청년 국악인 매니지먼트 사업을 통한 부산의 국악 생태계 회복"입니다 기업의 소셜 미션 .

우리가 청년 국악인들이 겪고 있는 문제를 해결함으로써 창출할 수 있는 사회적 가치는 다음과 같습니다. 첫째, 정량적으로 저희는 첫해에 3개 청년 국악인 그룹 총 15명의 매니지먼트 업무를 수행함으로써 연습 시간을 보장하고, 반기별로 1개의 공연을 기획하여 정기적인 연주 기회를 제공하고자 합니다. 둘째, 정성적으로는 이를 통해 대중에게 국악 향유의 기회를 제공하여 부산의 국악 생태계를 회복하고, 청년 국악인 프리랜서가 연주로서 삶을 이어가게 함으로써 전통문화의 계승 및 발전에 이바지하고자 합니다 우리가 창출하는 사회적 가치 .

*We Were
All Born
Entrepreneur*

II

사회적기업가 정신 및 역량

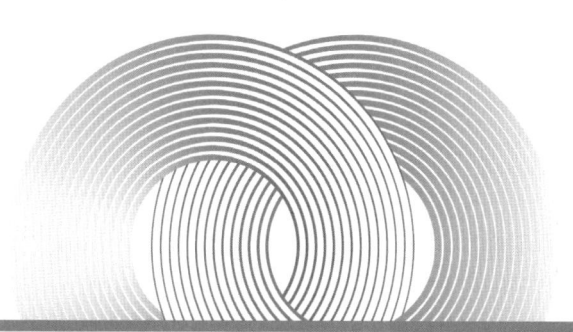

1장 '사회 문제 정의 및 분석'이 "우리가 왜 이 사회 문제를 해결해야 하는가?"에 초점이 맞추어져 있다면, 이 장은 "해당 사회 문제를 왜 대표자가 해결해야 하는가?"에 초점이 맞추어져 있다. 앞서 우리는 소셜 비즈니스 모델을 다음과 같이 정의 내렸다.

> 대표자가 발견한 사회 문제를
> 대표자의 비즈니스로 해결하는 것

해당 문장을 보면 공통으로 '대표자'라는 단어가 반복되는 것을 볼 수 있다. 즉, 소셜 비즈니스 모델의 핵심은 대표자에게 있다는 것이다. 실제로 사회적기업가를 지원하기 위해 설립된 아쇼카 재단(Ashoka Foundation)의 설립자 빌 드레이튼(Bill Drayton)은 평소 '사회적기업을 운영하는 사람이 사회적기업가가 아니라, 사회적기업가가 운영하는 조직이 사회적기업'이라고 강조하였다.

이처럼 대표자가 사회 문제를 해결하고자 하는 정신을 '사회적기업가 정신'이라고 일컫는데, Bronstein 외(2012)는 이를 "시민들이 제도나 기관의 구축이나 변화를 통해, 가난, 질병, 문맹, 환경 파괴, 인권침해 또는 부패와 같은 사회적 문제들을 해소하고, 인류의 각종 고통을 덜 수 있는 해결책을 마련하는 과정(Bornstein 외, 2012: pp. 24)"이라고 정의하고 있다. 정리하자면, "사회적기업가 정신'은 '사회적기업가'가 이행하는 사회 혁신적인 행동을 말하며, '사회적기업'은 자연스럽게 사회적기업가가 목표 달성을 위해 사용하는 도구(Kerlin 외, 2010: pp. 174)"인 것이다.

사실 '우리가 왜 이 사회 문제를 해결해야 하는가?' 다음으로 '해당 사회 문제를 왜 대표자가 해결해야 하는가?'를 묻는 것은 창업 생태계에서 흔한 일은 아니다. 일반 비즈니스 모델에 대입하여 생각해 보자. 대표자가 문제를 정의하고 이에 대해 본인만의 해결 방법을 제시하였다면, 다음으로 대표자가 보유한 역량, 기술 등 해결 방법에 대한 실현 가능성을 묻지, '해당 문제를 왜 대표자가 해결해야 하는가?'를 묻지 않는다. 따라서 이에 대답하기 위해서는 이 질문을 왜 하는가를 생각할 필요가 있다.

Aulet(2014)에 따르면 창업에 첫발을 내딛기에 앞서 기업가 정신 즉, "오랜 기간 지치지 않고 즐기면서 잘할 수 있는 일은 무엇일까?(Aulet, 2014: pp. 41)"라는 질문에 대하여 답을 할 수 있어야 하며, 이는 다음의 항목에 대한 점검을 통해 이루어질 수 있다고 하였다.

▶ [표16] 열정을 아이디어나 기술로 바꾸는 방법

지식	무엇을 전공했고 어떤 분야에서 경력을 쌓았나?
역량	내가 가장 잘하는 일은 무엇인가?
네트워크	다른 영역의 전문가를 알고 있는가? 지인 중 창업에 성공한 사람이 있는가?
재원	자금 조달 방법에는 어떤 것이 있는가? 얄팍한 통장 하나만 믿고 사업을 시작해도 될까?
인지도	나는 전문가로서 인정받고 있는가? 사람들은 나를 어떤 사람으로 인지하고 있는가?
경험	이전에 일하던 분야에서 고객 불편이나 비효율성을 발견한 적이 있는가?
특정 산업 혹은 시장에 대한 관심	서비스 개선에 관한 아이디어가 떠오르면 신이 나는 이유는 무엇일까? 내가 열정을 보이는 곳은 어디인가?
사명감	나는 지금 새로운 도전에 시간과 노력을 투자할 각오가 되어 있는가? 기업가의 길이 인생 최대의 목표라고 자신할 수 있는가?

자료 출처: Aulet, 2014: pp. 41-42.

즉, "창업은 자신의 가치관, 관심사와 일치하고 최대한 전문성을 발휘할 수 있는 분야를 찾는 것(Aulet, 2014: pp. 40-41)"이 가장 중요하고 "시장 기회, 즉 불편 해소에 돈을 지불하고자 하는 고객과 고객 문제를 정의하는 단계는 그다음(Aulet, 2014: pp. 41)"이라는 것이다.

마찬가지로 소셜 비즈니스 모델에서도 사회적기업가 정신을 묻는 이유는 다음의 세 가지 항목을 통해 대표자가 "오랜 기간 지치지 않고 즐기면서 잘할 수 있는 일은 무엇일까(Aulet, 2014: pp. 41)?"라는 질문에 대한 답을 확인하기 위해서이다.

▶ [표17] 사회적기업가 정신 항목

사회적기업가 정신의 답변 요지	확인하고자 하는 항목
이 시점에서 내 아이템이 왜 필요한가?	문제의 심각성, 최적의 솔루션
왜 꼭 내 아이템이어야 하는가?	경쟁 우위, 차별화
나는 이것을 왜 개발하려 하는가?	진정성, 확신

다만, 대표자가 해당 사회 문제의 당사자일 경우와 그렇지 않은 경우에 따라 중점적으로 확인하고자 하는 항목에서는 차이가 존재한다. 우선 대표자가 사회 문제의 당사자에 해당한다면 주된 질문의 이유는 해결 방법에 대한 필요성 및 차별성을 묻기 위해서다. 이는 일반적으로 대표자가 해당 사회 문제의 당사자라면 이미 진정성이 확보되어 문제의 정의 및 분석에서는 깊이가

있으나, 그에 반하여 해결 방법은 그리 특별하지 않은 경우가 다수 존재하기 때문이다. 필자가 컨설팅했던 기업 주식회사 C를 예로 확인해 보자.

주식회사 C의 대표자는 보호종료아동 출신으로 보호아동의 사회화 및 진로 교육을 위한 커뮤니티 시설 운영을 주된 목적으로 하고 있으며, 이를 위하여 카페를 운영하는 곳이었다. 사실 보호아동에 대한 사회화 및 진로 교육은 아동보호시설에서도 진행하고 있으며, 대표자가 진행하고자 하는 교육조차도 요리하는 법, 통장 개설하는 법 등 어떻게 보면 너무나도 일상적인 내용뿐이었다. 한편, 대표자가 운영하고자 하는 카페조차도 메뉴의 구성 등에서 별도의 차별성이 존재하지 않았다. 그런데도 대표자가 해당 사업이 필요한 이유와 관련하여 다음과 같이 설명하였다.

> 어느 날 인터넷에서 글을 본 적이 있습니다. 누나가 직장을 가지고 돈을 벌기 시작하면서 가족끼리 가지 않던 피자집이나 비싸 보이는 뷔페 같은 곳을, 동생을 데리고 다녔답니다. 어렸던 동생은 맛있는 음식을 먹을 수 있으니까 그 상황이 너무 좋았답니다. 그러던 어느 날 동생은 갑자기 궁금해져서 누나한테 왜 요즘에 이런 곳에서 밥을 먹냐고 물었답니다. 그러더니 누나가 너는 친구들이랑 이런 곳 와서 당황하지 말라고 답했답니다. 그 글을 본

순간 저는 저희 동생들이 생각났습니다.

저는 보호종료아동 출신입니다. 저와 같은 보호시설아동은 보호기간이 종료되는 순간부터 사회에 발을 딛게 됩니다. 물론 보호종료가 되기 전에 시설에서도 다양한 교육을 제공합니다. 그러나 시설에서 자라왔기 때문에 생기는 간극을 좁히는 교육을 제공하지는 않습니다 나는 이것을 왜 개발하려 하는가? .

예를 들어 저희는 그동안 배식을 받아왔기에 요리라는 과정을 모르고 자라왔습니다. 한편, 집이라는 개념 또한 희박하다 보니 집들이가 무엇인지도 몰랐습니다. 이러한 일들이 쌓이고 쌓여 결국 저희는 사회에 녹아내리지 못해 스스로 고립하고 주변인으로 남게 됩니다 이 시점에서 내 아이템이 왜 필요한가? .

이처럼 일반인에게는 특별하지 않아 가르쳐 주지 않아도 될 것들이 저희에게는 특별한 일이고 가르쳐 주어야 할 것들입니다. 저는 사회에 나와 이 모든 것들을 경험한 선배입니다. 시설과 사회 사이에 중간 다리가 저 역시 오랫동안 힘들어했습니다. 저희에게는 일상의 가르침과 그 가르침을 행할 일상의 공간이 너무나도 필요합니다 왜 꼭 내 아이템이어야 하는가? .

주식회사 C의 대표자는 종전의 문제 해결 방법이 놓치고 있는 틈을 본인의 경험을 통하여 제시하였을 뿐만 아니라 해당 사회 문제를 해결하기 위해서 중요하게 고려되어야 할 점을 제시하였다. 이처럼 대표자가 해당 사회 문제의 당사자일 경우, 대표자의 경험을 진솔하게 나열하고 본인이 제시하는 소셜 비즈니스 모델의 필요성과 차별성을 제시하면 된다.

한편, 대표자가 사회 문제의 당사자가 아닌 경우에는 당사자를 얼마나 깊이 이해하고 있는지, 그리고 당사자가 아님에도 불구하고 해당 사회 문제를 해결하고자 하는 의지가 얼마나 굳건한지 확인하기 위해서이다. 사회 문제의 당사자가 아니라는 것은 해당 사회 문제를 객관적으로 볼 수 있다는 장점을 가지지만, 한편으로 해결 방법을 주관적으로 제시할 수도 있다는 단점을 가지기도 한다. 과거 소셜 비즈니스 모델을 발굴하기 위한 경연대회에서 심사위원이 대표자에게 했다는 질문이 해당 사례를 바로 보여준다.

심사위원 대표님 발표 잘 들었습니다. 시장에 대한 분석도 잘되어 있고 아이템도 차별성이 있어 시장에서 좋은 반응을 일으킬 것 같습니다.

대표자 감사합니다.

심사위원 다만 한 가지 질문이 있는데, 사업으로 업무를 유추해 보았을 때 대다수의 일자리가 단순 업무일 것 같습니다. 기업의 사회적 목적이 북한이탈주민의 일자리 창출이라고 하셨습니다만 꼭 북한

	이탈주민이 필요한 일은 아닌 것 같은데, 혹시 이분들을 콕 찍어 말씀해 주신 이유가 있을까요?
대표자	정부의 취업지원정책이 다양해지고 지속적으로 개선되고 있으나 북한이탈주민의 사회적응교육 및 직장생활에 대한 만족도는 여전히 그리 높지 않은 것이 사실입니다. 이에 저희는 고용주와 취업자의 관계를 넘어 그들에게 먼저 다가가 적극적으로 그들의 삶을 이해하고 다양한 지원을 해줌으로써 한국에 잘 적응할 수 있도록 도와주고자 합니다.
심사위원	대표님의 경력을 보니까 그동안 북한이탈주민과 접점이 없었던 걸로 보이는데, 아무런 배경지식 없이 자라온 환경과 문화가 다른 분들을 노력만으로 이해하기는 힘들 겁니다. 혹시 특별히 생각해 놓으신 방법이 있습니까? 나아가 단순 업무가 그들이 바라던 일자리인가요?
대표자	…
심사위원	대표님, 혹시 지금 핸드폰을 가지고 계시는가요?
대표자	네 있습니다.
심사위원	지금 그 핸드폰을 꺼내서 주소록에 들어가 주실 수 있나요?
대표자	네 들어갔습니다.
심사위원	혹시 바로 통화하실 수 있는 북한이탈주민이 계시는가요?
대표자	…

심사위원   혹시 그 주소록에 몇 명의 북한이탈주민의 연락처가 저장되어 있
         나요?
대표자   …
심사위원   혹시 해당 모델을 만드실 때 당사자들의 의견은 들어가지 않은
         겁니까?

　해당 사례는 대표자가 사회 문제의 당사자를 배제한 소셜 비즈니스 모델을 단적으로 보여주고 있다. "사회 문제의 당사자는 마땅히 어떠한 상황에 놓여 있을 거다." 또는 "사회 문제의 당사자는 마땅히 이러한 해결 방법을 좋아할 것이다." 등 사회 문제의 당사자를 자의적으로 해석하는 것은 소셜 비즈니스 모델을 구성하는 데 있어서 가장 지양해야 할 부분이다. 따라서 대표자가 사회 문제의 당사자가 아닐 경우에는 소셜 비즈니스 모델의 구성에 있어 사회 문제 해결에 어떻게 참여하게 되었는지, 당사자를 어떻게 참여시키고 있는지 등을 제시할 필요가 있다.
　이를 위해서는 먼저 [표18]과 같이 사회 문제에 대한 기초자료 조사를 수행하는 것이 우선일 것이다.

▶ **[표18] 기초자료 관련 질문 및 고려 사항**

기초자료 관련 질문 및 고려 사항	내용
어떤 종류의 정보를 찾기 원하는가?	사업, 제품, 문화, 인구통계 등
정보를 찾는 이유는 무엇인가?	새로운 관점 확보, 정보간 차이 보완 등
조사의 조건은 무엇인가?	검색 조건, 산업의 특이용어 등
조사 수행으로 한계가 있는 점은 없는가?	돈, 시간, 정보의 신뢰성 등
프로젝트의 주제와 관련된 주요 이슈와 트렌드는 어떤 것이 있는가?	사회적 경제 기본법, 협동조합, 마을기업 등
국내외 경쟁 상품이나 서비스는 존재하는가?	특허권, 유사기업의 사례, 실패 사례 등
어떤 사람들이 타깃 고객으로 언급되고 있는가?	저소득층, 경력단절 여성, 다문화 가정 등
주제와 관련된 전문가 혹은 단체 등은 없는가?	한국사회적기업진흥원, 복지관 등
환경 제약에는 어떤 것이 있는가?	지역 간 거리, 취약계층 밀집지역 등

자료 출처: 박재환·전해진, 2015: pp. 49-50.

기초자료가 확보되었다면 다음으로 면접, 설문지, 관찰, 우편조사 등을 통해 당사자에 대한 직접 조사를 수행할 것인지(1차 자료조사 방법) 또는 기업체, 정부 기관 등 다른 조사자에 의해 수집되어 공개된 자료를 활용할 것인지(2차 자료조사)를 적절히 조화롭게 사용해야 할 것이다. 물론, 일반적으로 1차 자료의 경우 많은 비용, 인력, 시간이 소요됨에 따라 목적에 적합한 2차 자료의 존재 및 사용 가능성을 확인하고 2차 자료가 없는 경우에 한해 1차 자료를 수집하는 것을 권하기는 한다. 그러나 앞서 밝힌 바와 같이, 해당 질문을 하는 이유는 대표자가 사회 문제의 당사자가 아님에도 불구하고 해당 사회 문제에 얼마나 깊이 관련되어 있는지를 확인하기 위해서이다. 따라서 1차 자료의 수집은 소셜 비즈니스 모델을 구성함에 있어서 필수적이다.

한편, 환경 등 대표자가 발견한 사회 문제가 사람이 아니어서 1차 자료조사가 불가능하다는 물음이 있을 수도 있다. 하지만 결국 대부분의 사회 문제를 초래한 대상은 사람이며 우리의 해결 방법을 활용하는 대상 또한 사람이다. 즉, 사회 문제 해결을 위해서는 이들의 참여가 요구된다. 필자가 컨설팅했던 팀 D를 예로 확인해 보자.

> 해수 온도가 지속적으로 증가하여 불가사리, 해파리, 유령멍게 등의 확산이 늘고 있어 수산업 양식업계의 피해 또한 기하급수적으로 늘어나고 있습니다. 이 중 특히 해양수산부에서 지정한

유일의 해양생태계 교란종인 유령멍게는 동해, 서해, 남해 등 국내 전 해양에 서식하고 있어, 피해 사례가 급증하고 있습니다 나는 이것을 왜 개발하려 하는가? .

유령멍게는 현재 국내 해양생태계를 교란하는 주요 생물종 중 하나로, 해수부에서도 공식적으로 생태계 교란종으로 지정한 만큼 심각성이 이미 공론화된 사안입니다. 그러나 지금까지의 대응 방식은 일회성 수거 작업이나, 제한된 해역에서의 방제 활동에 그치고 있으며, 지속 가능한 제거 및 활용 체계는 부재한 상황입니다.

유령멍게가 빠르게 확산하면 양식장 내 구조물이나 어구 등에 부착해 수산업을 직접적으로 위협합니다. 특히 해수온 상승에 따른 번식력 강화로 인해, 예방보다 사후 처리에 드는 비용이 해마다 기하급수적으로 증가하고 있습니다. 이에 따라 관련 어민과 양식업자들의 생계 기반이 위협받고 있으며, 정책적·환경적·경제적 대응이 동시에 필요한 구조적 문제로 떠오르고 있다.

이러한 상황에서 단순 방제 중심이 아닌, 생태계 교란종을 자원화하여 산업화할 수 있는 해양 순환 경제 모델이 절실히 요구되고 있습니다. 따라서 지금 이 시점에서 '제거-가공-활용'의 전체 사이클을 포함하는 아이템이 반드시 필요합니다 이 시점에서 내 아이템이 왜 필요한가? .

우리는 유령멍게를 생물 기반 바이오 소재로 활용 가능한 가능성에 주목하여, 이를 화장품·비료·사료 등으로 재가공할 수 있는 구체적인 사업화 계획을 갖고 있습니다. 이는 단순히 해양 쓰레기를 처리하는 데서 그치지 않고, 지역 기반 순환 경제 모델을 구축함으로써 어민, 청년창업자, 친환경 산업이 함께 상생할 수 있는 구조입니다. 실제로 저희는 동해·남해·서해 전 지역에서 유령멍게의 생태적 특성과 피해 사례를 직접 조사하였고, 관련 어민 단체 및 지자체와의 실무 협의도 진행한 바 있으며, 관련 바이오 소재 연구소 및 대학과 협력하여, 유령멍게의 구조 내 특정 성분이 항염, 보습, 미세먼지 흡착 등 기능성 소재로 활용 가능하다는 가능성도 도출하였습니다. 마지막으로 유령멍게를 제거하고 자원화하는 과정에 지역 청년과 귀어 귀촌인을 참여시키는 고용모델을 포함하여, 단순한 환경 사업이 아닌 지역 활성화형 소셜 비즈니스로 확장하고자 합니다. 왜 꼭 내 아이템이어야 하는가? .

*We Were
All Born
Entrepreneur*

Ⅲ

창업 아이템 및
사업화 개요

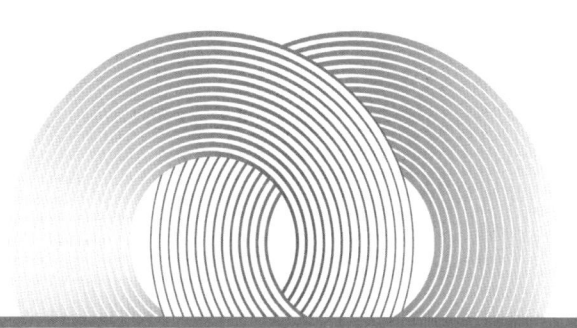

앞서 1장 '사회 문제와 소셜 미션 이해하기'에서 비즈니스 모델에서 고객을 '사용자'와 '비용부담자'로 세분화할 수 있다면, 소셜 비즈니스 모델에서 고객은 사용자와 비용부담자 외 '수혜자'로 분류할 수 있으며 종전의 문제 해결 방법에 대한 분석 '수혜자'의 관점에서 진행되어야 한다고 언급하였다. 실제로 많은 소셜 비즈니스 육성기관에서는 수혜 대상을 중심으로 하여 모델을 구체화할 것을 언급하고 있다. 소셜 비즈니스 모델에서 수혜자, 사용자, 비용부담자를 정의한다면 다음과 같이 내릴 수 있을 것이다.

- 수혜자: 소셜 비즈니스 모델 사업을 수행함으로써 수혜를 받는 대상
- 사용자: 소셜 비즈니스 모델이 생산하는 제품 또는 서비스를 직접적으로 사용하는 대상
- 비용부담자: 소셜 비즈니스 모델이 생산하는 제품 또는 서비스에 실제로 비용을 지불하는 대상(B2C, B2B, B2G)

소셜 비즈니스 모델을 구성하는 데 있어서 '수혜자'의 중요성은 아무리 강조해도 모자람이 없다. 그러나 기업의 지속 가능성 확보를 위한 창업 아이템을 생각할 때는 '수혜자'가 아닌 '사용자'의 관점에서, 마케팅은 '비용부담자'의 관점에서 구체화해야 한다. 물론 소셜 비즈니스 모델에 따라 수혜자, 사용자, 비용부담자가 전부 일치하거나 일부 일치하는 모델 또한 존재한다. 예를 들어 특정한 사회 문제 당사자들을 위한 특별한 교육 서비스 등을 제공하는 모델은 수혜자와 사용자, 비용부담자가 일치하는 경우라고 할 수 있으며, 특정한 사회 문제 당사자의 일자리 제공을 위하여 어린이 장난감 제조·수리·청소를 하는 모델은 수혜자와 사용자, 비용부담자가 모두 다른 경우라고 할 수 있다.

그러나 위와 같이 수혜자, 사용자, 비용부담자가 전부 또는 일부 일치하더라도 창업 아이템을 구체화할 때에는 철저하게 사용자의 관점에서 제품 또는 서비스를 구성해야 하며, 마케팅은 비용부담자의 관점에서 구체화해야 한다. 이는 기업의 제품 또는 서비스를 사용하는 고객은 사용자이기에 기업이 철저히 이들의 니즈를 즉, 사용자가 원하는 바를 충족시킬 필요가 있으며, 비용을 지불하는 대상은 비용부담자이기에 지속 가능성을 확보하기 위해서는 이들에게 마케팅을 진행하여야 하기 때문이다.

We Were All Born Entrepreneur

고객 정의하기

앞서 우리는 창업 아이템을 구상할 때 고객을 수혜자, 사용자, 비용부담자를 구분하고, 제품 또는 서비스의 설계는 사용자의 관점에서, 마케팅 전략은 비용부담자의 관점에서 구성되어야 함을 확인하였다. 이는 소셜 미션의 진정성을 유지하면서도 지속가능한 비즈니스 구조를 만들기 위한 최소한의 전략적 설계 원칙이다.

소셜 비즈니스 모델 또한 비즈니스 모델과 마찬가지로 가치와 관련한 활동은 주요한 구성요소이다. 앞서 제2장과 마찬가지로 창업 아이템을 선정하기 위해서는 대표자가 제공하고자 하는 제품 또는 서비스의 필요성에 대한 고객의 '공감'을 자아낼 수 있어야 한다.

제품 또는 서비스의 필요성에 대한 고객의 공감을 다른 말로 고객의 니즈, 즉 '고객이 원하는 바'로 표현할 수 있는데, 창업 아이템을 선정함에 있어서 고객의 니즈 파악의 중요성은 이는 아무리 강조해도 지나치지 않다. 이는 과거에는 상품 자체의 혁신이 중시되어 기술적으로 뛰어난 상품만 공급하면 시장에서 성공할 수 있었지만, 현재에는 다양한 기술 혁신이 매일매일 일어나고 있어 시장의 변화와 함께 비즈니스의 상식조차 바뀌고 있어 상품만이 아니라 다양한 분야에서 고객의 니즈를 충족시킬 필요가 있기 때문이다. 즉, 가격, 디자인, 품질의 가시적인 부분 외 친절, 신뢰, 서비스 등 비가시적인 부분 또한 고려해야 한다는 것이다.

다시 한번 강조하지만, 소셜 비즈니스 모델에서 수혜자와 비용부담자가 일치하지 않는 구조는 매우 일반적이다. 실제로 많은 소셜 비즈니스는 다음과 같은 비용 구조를 가진다.

- 공공기관이 비용을 부담하고, 청소년이 혜택을 받는 교육 프로그램
- 기업이 비용을 부담하고, 취약계층이 혜택을 받는 복지 서비스
- 부모가 비용을 지불하고, 자녀가 제품을 사용하는 심리·돌봄 서비스

이러한 구조에서는 구매 결정의 논리와 사용 경험의 만족이 분리되어 있기 때문에, 창업자는 이 둘을 동시에 설득하는 전략을 설계해야 한다. 제품을 아무리 훌륭하게 만들어도, 비용부담자가 가치를 느끼지 못하면 사업화는 어렵다. 따라서 아이템을 소개할 때는 '이 제품이 얼마나 훌륭한가?'가 아니라, '비용부담자는 왜 이 제품에 돈을 낼 수밖에 없는가?'를 중심으로 설명해야 한다.

이를 도표로 구체화한다면 다음의 [표19]와 같다.

▶ [표19] 사업 아이템 소개

아이템명	제품 또는 서비스를 한눈에 파악할 수 있는 간결하고 직관적인 이름을 작성
↓	
아이템 유형	제품인지 서비스인지, 기술 기반인지, 커뮤니티 기반인지 등의 유형을 작성
↓	
핵심 콘셉트	아이템이 제공하는 본질적인 가치 또는 차별성을 나타내는 문장으로 "누구에게 어떤 방식으로 어떤 변화를 줄 것인가"를 중심으로 작성
↓	
주 고객층(사용자)	실제 제품이나 서비스를 직접 사용하는 사람을 의미하며 연령, 특성, 사용 목적 등을 구체적으로 작성

수혜자	해당 서비스나 제품으로 긍정적인 영향을 받는 사람으로 사용자와 다를 수 있으며, 사회적 미션과 연결되는 핵심 대상을 작성
	↓
비용부담자	실제로 비용을 지불하는 고객으로 서비스 이용자와 다를 수 있으며, B2B(기업 대상)인지, B2C(개인 대상)인지 구분하고, 융합형일 경우 어떤 요소들이 결합되었는지 작성
	↓
핵심 활동	실제로 어떤 제품이나 서비스가 제공되는지 구체적으로 나열

장애인 HR 설루션(solution) 전문기업 주식회사 E를 사례로 확인해 보자. 주식회사 E는 장애인 맞춤형 일자리 플랫폼을 운영하는 기업으로 수혜자와 사용자가 일치하되 비용부담자가 구분되는 대표적인 소셜 비즈니스 모델이다.

주식회사 E의 대표는 직접 장애인 관련 기관에서 봉사와 교육 활동을 하며, 현장에서 겪는 불합리함과 시스템의 공백을 체감하였는데, 실제로 장애인 당사자들에게 가장 절실한 것은 지속 가능한 고용, 즉 "장애인의 특성과 역량에 맞춘 맞춤형 일자리"였음에도 불구하고 그중 기존의 장애인 지원 정책이 주로 복지, 수당, 일회성 훈련 프로그램 중심이라는 데 문제의식을 느꼈다. 한편, 많은 기업이 장애인 고용 의무제를 부담스러워하면서도, 어떻게 적절한 인재를 연결해야 할지 몰라 어려움을 겪고 있었고, 동시에 장애인 구직자들은 채용시장에 접근하는 법조차 모르는 경우가 많았다. 이 수요-공급의 단절이 주식회사 E 창업의 출발점이 되었다.

▶ [표20] 사업 아이템 소개

아이템명	장애인 맞춤형 일자리 매칭 플랫폼
아이템 유형	서비스 기반 / 디지털 플랫폼 / 사회적 고용 연계
핵심 콘셉트	"장애인 개개인의 역량을 분석하고 적합한 직무에 연결해 지속 가능한 일자리로 확장하는 디지털 기반 고용 혁신 플랫폼"
주 고객층 (사용자)	고용에서 배제되기 쉬운 장애인 구직자들 - 정보 접근성 부족, 고용 편견, 사회적 고립 등의 문제를 겪는 당사자
수혜자	고용 기회를 얻지 못했던 취약계층 장애인 구직자들 (사회적 낙인·정보격차로 인해 기존 취업지원 제도에서 소외된 대상)
비용부담자	1. 기업 고객(B2B): ESG 경영 및 장애인 고용률 제고를 원하는 중견·대기업 2. 공공기관(B2G): 장애인 고용 창출을 위한 위탁사업 발주처

핵심 활동	1. 장애인 대상 온라인 직무 훈련 콘텐츠 개발 2. 장애유형별 맞춤 직무 매칭 시스템 운영 3. 기업-구직자 간 비대면 채용 연계 4. 공공기관과 연계한 고용 지원 프로그램 수행 5. 고용 후 지속관리(적응 코칭, 멘토링 등) 서비스

위의 아이템을 참고하여 사업 아이템을 소개한다면 다음과 같은 예를 들 수 있다.

> 국내 장애인 고용률은 법정 의무 비율에 미달하고 있으며, 수많은 기업이 장애인 고용 의무를 '부담'으로 인식하고 있습니다. 반면, 많은 장애인 구직자는 본인의 역량이나 적성을 기업에 어필할 기회를 얻지 못한 채 고용 시장 밖으로 밀려나 있습니다.
>
> 이러한 수요-공급의 단절은 정보 부족, 채용 프로세스의 미비, 장애 유형별 특성 고려 부족 등 시스템의 문제에서 비롯되었습니다.
>
> 이에 따라 저희 창업팀은 장애인 구직자에게는 자기주도형 온라인 직무 훈련과 채용 연계 기회를, 기업에는 효율적이고 신뢰할 수 있는 채용 지원 서비스를 제공하는 "아이템명"을 기획하게 되었습니다 아이템명.
>
> "아이템명"의 핵심은 장애인 고용 의무제도 및 ESG/CSR 실현

수요가 높아지는 환경 속에서, 장애인 맞춤형 고용 연결 서비스를 제공하는 디지털 기반 플랫폼 사업입니다. 단순한 채용 알선이 아닌, 직무 분석 → 훈련 제공 → 적합 인재 매칭 → 고용 후 정착 지원까지 전 과정이 시스템화되어 있어, 기업이 효율적이고 지속 가능한 장애인 고용을 실현할 수 있도록 돕는 통합형 고용 솔루션입니다. 기존의 제도 안에서 소외되었던 장애인들은 플랫폼을 통해 실질적인 훈련과 고용 기회를 얻음으로써, 고용 시장 진입의 벽을 넘고 장기 고용 가능성을 높일 수 있습니다 아이템 유형.

즉 기업이 필요로 하는 직무에 맞는 인재를 선별하여 연결해 주며, 사전 훈련을 통해 생산성을 확보하고, 고용 이후에도 정착을 위한 관리 서비스를 제공함으로써, '형식적 고용'이 아닌 '성과 있는 고용'을 가능하게 합니다 핵심 컨셉.

본 솔루션을 통해 기존의 제도 안에서 소외되었던 장애인들은 실질적인 훈련과 고용 기회를 얻음으로써, 고용 시장 진입의 벽을 넘고 장기 고용 가능성을 높일 수 있습니다 사용자, 수혜자.

한편, 기업은 고용부담금 회피 수단이 아닌, 실제 성과 있는 고용으로 이어질 수 있는 구조화된 채용 시스템을 통해 ESG 경영과 사회적 책임을 동시에 실현할 수 있습니다.

또한, 공공기관은 지역 기반 고용 확대, 복지 연계형 일자리 사업 등 정책적 과제를 수행하는 데 있어 위탁·협력 파트너로 "아이템명"을 활용할 수 있으며, 비용은 채용 수수료, 플랫폼 이용료, 고용 유지 성과 기반으로 산정됩니다 비용부담자.

이를 실현하기 위한 본 아이템의 핵심 활동은 다음과 같습니다. 첫째, 장애인 채용이 필요한 직무를 분석하고, 해당 직무에 적합한 유형별 역량 매칭 컨설팅을 제공합니다. 둘째, 온라인 훈련 및 기본 직무 이해 과정을 이수한 인재 중 적합자를 선별하여 연결합니다. 셋째, 장애 특성에 맞춘 면접 코칭 및 지원 자료 제공, 원격 면접 및 기업 사내 가이드 설계를 지원합니다. 넷째, 고용 후 유지관리 서비스 신규 채용자 대상 적응 코칭, 직무 피드백, 중재 프로그램을 통해 이탈률을 감소시킵니다. 마지막으로 고용 인원, 유지율, 만족도 등을 기반으로 정량화된 ESG 리포트 및 공공사업 연계 실적 보고서를 제공합니다 핵심활동.

We Were All Born Entrepreneur

시장 분석

    소셜 비즈니스 모델에서 '가치'는 제품이나 서비스만큼이나 핵심적인 요소다. 여기서 굳이 '제품'이나 '서비스'라는 쉬운 용어 대신 '가치'라는 단어를 사용하는 이유는, 동일한 형태의 제품이나 서비스라 하더라도 고객이 기대하는 바 즉, 니즈에 따라 제공되어야 하는 본질적 가치는 전혀 다를 수 있기 때문이다.

    예를 들어 중식당을 창업한다고 가정해 보자. 그 위치가 대학가 인근이라면 주 고객층은 공강 시간을 활용해 끼니를 해결하려는 대학생일 가능성이 크다. 이들은 보통 아르바이트 수입이나 용돈으로 생활하기 때문에 합리적인 가격, **빠른 배달 속도**, 캠퍼

스와의 거리, 그리고 든든한 양 등이 중요한 가치가 된다. 이 경우 중식당의 경쟁자는 단지 다른 중식당이 아니라, 같은 가치를 제공할 수 있는 모든 인근 음식점이 될 것이다.

반면 동일한 중식당이 차이나타운에 자리 잡고 있다면 이야기가 달라진다. 이곳을 찾는 고객들은 이미 '중식을 먹겠다'라는 의도를 가지고 먼 거리를 이동한 사람들이기 때문에, 빠른 배달이나 위치 접근성은 핵심 가치가 아니다. 오히려 이들이 원하는 것은 맛의 정통성, 이국적인 분위기, 차별화된 메뉴와 같은 경험적 가치일 가능성이 높다. 따라서 이 경우의 경쟁자는 같은 지역의 중식당일 수밖에 없다.

이처럼 단순히 업종이 같다고 해서 경쟁 구도가 동일하지 않듯, 시장 분석에서 가장 중요한 것은 고객이 원하는 가치를 중심으로 시장을 바라보는 관점이다. 동일한 제품이 제공되더라도 그것을 통해 고객이 얻고자 하는 기대감, 즉 가치는 맥락에 따라 크게 달라질 수 있으며, 이는 시장을 어떻게 정의하고 분석할 것인지의 기준이 되어야 한다.

시장 분석의 핵심은 결국 한 가지 질문으로 귀결된다.

"얼마나 많은 사람들이 이 문제를 겪고 있으며, 그들에게 어떤 방식으로 가치를 제공함으로써 사회적 임팩트와 수익을 창출할 수 있는가?"

이를 보다 구조적으로 이해하기 위해 일반적으로 시장을 TAM (Total Addressable Market), SAM(Serviceable Available Market), SOM (Serviceable Obtainable Market) 세 가지 범주로 나누어 분석한다.

먼저 TAM은 이론적으로 해당 사업이 도달할 수 있는 최대 시장 규모를 의미한다. 이 수치는 전체 대상 인구 또는 총수요 규모(금액)를 기준으로 하며, 보통 정책 기획 또는 사회적 필요성의 타당성을 강조할 때 활용된다.

그다음 SAM은 우리가 실제 운영 가능한 지역, 언어, 인프라, 정책 조건 등을 고려했을 때, 현실적으로 서비스 제공이 가능한 시장 규모를 뜻한다. 즉 TAM 중에서도 '현실적 접근 가능성'이라는 필터를 거친 시장이다.

마지막으로 SOM은 현재 보유한 조직의 자원, 인력, 예산, 파트너십 등을 바탕으로 단기 내에 실제로 도달할 수 있는 고객 규모를 뜻한다.

중요한 점은 해당 시장은 수치를 통해 보여주어야 하며, 해당 수치는 단순한 추정이나 직감이 아닌, 공신력 있는 데이터에 기반해야 하며 구체적인 셈식(예: 전체 인구 × 전환율 × 예상 단가)과 함께 제시되어야 한다는 점이다. 일반적으로 시장 규모 추정은 다음과 같은 출처가 일반적으로 활용된다.

- KOSIS(국가통계포털)
- 통계청, 교육부, 복지부 등 정부 부처
- 한국노인인력개발원, KDI, KIET 등의 정책보고서
- 국회도서관, UN, OECD, McKinsey, Statista 등

이제 이를 바탕으로 서울 지역 시니어 직업교육 서비스를 수행하는 주식회사 F를 예시로 시장을 분석해 보자. 주식회사 F가 조사한 시장 분석 관련 인구통계학적 자료는 [표21]과 같다.

▶ [표21] 주식회사 F의 시장분석을 위한 인구통계학적 자료조사

구분	내용
만 60세 이상 인구통계	• 전국 약 1,036만 명(통계청, 2024년 추계) • 서울·경기 약 375만 명(KOSIS 지역별 인구 통계, 2024년 기준)
경제활동 가능/희망 시니어 비율	• 약 32.4%(고용노동부, 2023년 고령자 고용동향)
직업 재교육 참여 의향 있는 비율	• 약 45%(한국노인인력개발원, 2023년 '노인 일자리 만족도조사')

이를 통해 도출할 수 있는 시니어 직업교육 관련 시장 분석은 다음과 같다.

시니어 세대를 위한 직업교육 서비스는 고령사회로 접어든 한국 사회에서 점점 더 중요한 사회적 수요로 대두되고 있습니다. 특히 기대수명의 증가와 함께 은퇴 이후의 삶이 20~30년에 달하는 시대적 흐름 속에서, 고령층의 재취업, 사회참여, 경제적 자립을 돕는 교육 수요는 점차 증가하고 있습니다.

이를 기반으로 본 서비스의 시장 규모를 SOM, SAM, TAM 순으로 분석하면 다음과 같습니다.

초기에는 기업이 기협약을 맺은 서울 및 경기 지역의 5개 복지관 또는 평생교육기관에 교육 프로그램을 제공하고자 합니다. 각 기관에서 연 2회 프로그램을 운영하고, 회차당 정원은 100명으로 책정할 경우, 연간 총 1,000명의 수용이 가능하다. 여기에 현실적인 수강률 80%를 적용하면 SOM은 약 800명 수준입니다 SOM.

본 기관이 존재하는 서울에 접근할 수 있는 서울과 경기 지역에 거주하는 시니어 중에서 직업교육에 참여할 의향과 가능성이 있는 인구를 SOM 기준으로 삼는다면, 2024년 기준 서울·경기 지역의 만 60세 이상 인구는 약 375만 명이며, 고용노동부의

'고령자 고용현황' 자료에 따르면 이 중 약 32.4%가 경제활동을 원하거나 가능하다고 응답하였습니다. 이를 적용하면 약 121만 명이 직업교육 대상자로 간주할 수 있습니다. 여기에 물리적으로 교육기관에 직접 방문이 가능한 비율(약 50%)과 교육 주제(디지털 역량, 고객 응대 등)에 관심을 보일 비율(약 25%)을 적용하면, 약 15만 명의 시니어가 현실적으로 서비스를 제공받을 수 있는 잠재고객군으로 추산됩니다 SAM.

마지막으로 통계청에 따르면 2024년 기준 대한민국의 만 60세 이상 인구는 약 1,036만 명에 달합니다. 고용노동부의 조사에 따르면 이 중 약 32.4%는 경제활동에 참여하거나 희망하는 것으로 나타났으며, 한국노인인력개발원의 2023년 조사에서는 고령층의 약 45%가 직업교육이나 훈련 참여 의향을 가지고 있다고 응답했습니다. 이를 바탕으로 TAM을 산정하면, 1,036만 명 × 32.4% × 45% = 약 151만 명으로 추측할 수 있습니다 TAM.

이처럼 SOM → SAM → TAM 구조로 시장을 분석하면, 우리가 지금 할 수 있는 일(SOM)에서 출발하여, 확장 가능성(SAM)을 보여주고, 궁극적으로 사회적 파급력(TAM)까지 논리적으로 설득할 수 있다.

*We Were All Born
Entrepreneur*

경쟁사 분석 및
차별화 전략

　이 장의 논의를 시작하기에 앞서, 반드시 짚고 넘어가야 할 중요한 전제가 있다. 바로 '경쟁자가 없다'는 착각은 대부분 위험한 오해에서 비롯된다는 점이다. 사업 현장에서 종종 대표자들은 자신이 개발한 제품이나 서비스가 전례 없는 완전히 새로운 발명품이기 때문에 경쟁자가 존재하지 않는다고 말하곤 한다. 언뜻 들으면 설득력 있어 보일 수도 있다. 그러나 앞서 설명했듯이 고객이 원하는 것은 단순한 제품 자체가 아니라, 그 제품이 제공하는 '가치'다.

　예를 들어, 세계 최초의 전기 청소기를 개발한 창업자가 있었다고 하자. 당시 시장에 전기 청소기라는 동일한 형태의 상품은 존재하지 않았을 수 있다. 하지만 고객이 기대한 가치는 '청소'이며, 그 가치를 실현하던 기존의 대체재는 분명 존재했다. 즉, 빗자루는 전기 청소기의 경쟁자였던 셈이다. 이처럼 상품이 아무리 새롭더라도, 그것이 충족시키는 가치가 기존에 존재한 것이라면, 경쟁자는 반드시 존재한다.

결국 경쟁자가 전혀 없다는 주장은 세 가지 중 하나로 해석된다. 첫째, 본인의 상품이 제공하는 가치가 무엇인지 명확히 인식하지 못했거나, 둘째, 경쟁 환경에 대한 조사 자체가 부족했거나, 셋째, 이미 시장에서 사장(死藏)된 가치에 기반한 사업일 수 있다. 이 중 어느 경우든 소셜 비즈니스 모델을 설계하는 데 있어 신중한 재검토가 필요하다.

이처럼 경쟁사는 '형태'가 아닌 '가치' 기준으로 정의되어야 하며, 동일한 가치를 제공하는 모든 기존 선택지는 잠재적인 경쟁자로 간주해야 한다. 그동안 기업들이 특정 문제를 해결해 왔음에도 불구하고, 여전히 고객들이 만족하지 못하고 새로운 선택지를 찾는다는 것은, 기존 대안이 어딘가에서 '불편'을 야기하고 있다는 명확한 신호다.

따라서 시장 분석이 어느 정도 마무리되었다면, 그다음 단계는 바로 고객의 불편(Pain Point)을 정밀하게 파악하는 일이다. 고객이 기존의 서비스나 제품을 사용하면서 어떤 지점에서 좌절감을 느꼈는지, 불만을 품었는지, 혹은 애초에 접근조차 하지 못했는지를 파악해야 한다. 특히 소셜 비즈니스 모델의 경우에는 일반 시장보다 더 뿌리 깊은 '구조적인 불편'이 존재할 가능성이 높으므로, 이를 정확히 짚어내는 것이 차별화 전략의 핵심이 된다.

결국 차별화란 '내가 무엇을 만들었는가?'에서 출발하는 것이 아니라, '고객이 기존에 겪고 있는 문제는 무엇이며, 그것이 왜 아직까지도 해결되지 않았는가? 그리고 나의 모델은 그것에 어떻게 다르게 접근하는가?'라는 질문에서부터 시작되어야 한다. 많은 경우, 이러한 불편은 겉으로 드러나지 않고 '사각지대'에 존재한다. 말로 표현되진 않았지만, 분명히 느껴지는 불편, 또는 기존 기업들이 수익성, 효율성, 인식 부족 등의 이유로 외면해 온 영역이 바로 그것이다.

소셜 비즈니스 모델의 차별화 전략이란, 바로 이 '당연한 불편'을 새로운 가치로 바꾸는 감각에서 출발한다. 그것은 기술력이나 규모보다 앞서는 '감지력'이며, 고객의 일상에서 놓치기 쉬운 공백을 채우는 방식으로 사회적 가치를 창출하는 실천이다.

이처럼 고객의 불편을 감지하기 위한 논리적 구조는 다음의 [표22]를 통해 확인할 수 있다.

▶ **[표22] 차별화 전략**

아이템의 필요성	대표자는 왜 해당 아이템이 필요하다고 생각하는가?
↓	
(기존 아이템이 존재할 시) 불편 인식	기존 아이템은 어떠한 불편을 야기했는가?
↓	
불편의 원인	해당 아이템의 부재 또는 기존 아이템이 야기하는 불편의 원인은 무엇인가?
해결 가능한 범위의 아이템	해당 원인을 해결한 아이템을 제공하고자 한다.

즉, 경쟁사 분석은 단순히 동일한 제품이나 서비스를 제공하는 기업을 나열하는 것이 아니다. 고객의 가치 충족 여부를 점검하고, 그 가치를 누구와 어떻게 경쟁하는지 파악하는 과정이다.

필자가 컨설팅했던 창업팀 G의 사례를 예로 들어보자. 창업팀 G의 대표자는 하천·하구에 존재하는 부유 쓰레기를 수거하는 무인 수상 로봇을 개발하고자 하였다. 겉보기에는 기존에도 쓰레기 수거용 장비나 작업이 존재했기 때문에 완전히 새로운 아이템처럼 보이지 않을 수 있다. 그러나 대표자는 기존 시스템이 가져오는 불편함에 주목했다.

먼저, 그는 이 아이템이 필요한 이유에 대해 이렇게 말했다.

"하천과 하구에 떠다니는 쓰레기는
수거가 어렵고, 결국 바다로 흘러가
해양 오염을 일으키지만,
지자체나 환경 당국의 인력·예산만으로는
빠르게 대응할 수 있는 구조가 아닙니다."

즉, 기존 방식으로는 충분한 대응이 어렵고, 작은 인력으로 넓은 범위를 관리할 수 있는 대안이 필요하다는 점을 강조한 것이다.

실제로 하천 쓰레기 수거는 현재 대부분 인력 중심 수작업, 혹은 대형 수상 장비에 의존하고 있으며, 이에 따라 다음과 같은 불편이 발생하고 있었다.

- 출동 준비 및 운영에 시간이 오래 걸린다.
- 수작업은 노동 강도가 높고, 인건비가 많이 든다.
- 접근이 어려운 지점에서는 쓰레기를 방치할 수밖에 없다.
- 강수 직후에는 일시적으로 쓰레기가 집중되어도 바로 대응하지 못한다.

이러한 불편은 단순히 장비의 부족 때문이 아니라, 기존 장비의 기동성 부족, 예산 효율성 저하, 그리고 실시간 대응 체계의 부재라는 구조적인 원인에서 비롯된 것이었다.

창업팀 G는 바로 이 지점을 차별화 포인트로 삼아, AI 기반 부유 쓰레기 감지 + 자율주행 소형 로봇 + 배터리 기반 지속운용 시스템이라는 접근 방식을 제시하였다. 이는 기존 방식이 가진 '인력 소모', '기동성 부족', '상시 대응 불가'라는 한계를 기술로 해결하고자 한 것이다.

이러한 구조는 앞서 설명한 차별화 전략의 흐름에 따라 [표23]처럼 정리할 수 있다.

▶ [표23] 차별화 전략 예시

아이템의 필요성	강, 하천·하구 부유쓰레기를 수거하고 있음에도 불구하고 해양에 유입되는 쓰레기는 점점 늘고 있음

↓

(기존 아이템이 존재할 시) 불편 인식	• 하천: 인력 중심의 수거 방식을 사용하고 있으며 위험성으로 인해 중심부의 부유 쓰레기는 회수하지 못함 • 하구: 청항선을 통해 부유 쓰레기를 회수하고 있으나 특정 지역을 중심으로 운영되고 있음

↓

불편의 원인	• 사람이 들어가지 못하는 깊이의 하천 중심부의 부양쓰레기를 회수할 적합한 수거 장비 부재 • 기계 장치를 통해 부유 쓰레기를 안전하고 효율적으로 회수할 수 있으나, 크기가 맞지 않아 접근이 불가능한 지역이 존재함
해결 가능한 범위의 아이템	하천의 크기에 맞는 자율주행 부유쓰레기 회수 로봇 제작

이처럼 '불편'은 단순한 고객 불만이 아니라, 기존 방식이 해결하지 못하는 공백이며, 그 공백을 정교하게 짚고 해소하는 것이야말로 소셜 비즈니스 모델의 실질적인 차별화 전략이 된다. 특히 공공적 문제를 다루는 소셜 비즈니스는 고객의 불편을 구조적으로 진단하고, 사회적 가치와 연결된 해결책으로 제시하는 능력이 무엇보다 중요하다.

한편, 경쟁사 분석에 있어서 유용한 툴을 몇 가지 소개하고자 한다. SWOT 분석 및 포지셔닝 전략이다. 우선 SWOT 분석은 조직의 내·외부 환경을 구조적으로 분석하여 전략을 도출하는 기법으로, 1960년대 미국 스탠퍼드대학교의 연구 프로젝트에서 앨버트 험프리(Albert Humphrey)에 의해 최초로 고안된 것으로, 각각 강점(Strengths), 약점(Weaknesses), 기회(Opportunities), 위협(Threats)의 약자로 구성된다.

여기서 '강점'과 '약점'은 내부 요소로, 조직이 현재 보유하고 있는 자원이나 역량과 관련된다. 반면, '기회'와 '위협'은 외부 환경에 해당하며, 산업 트렌드, 정책 변화, 사회적 요구, 경쟁사의 움직임 등과 같은 요소들이 이에 포함된다.

SWOT 분석을 작성할 때는 먼저, 내부적으로 우리가 잘하고 있는 점(강점)과 아직 보완이 필요한 점(약점)을 정리한다. 이후 외부적으로 기회가 될 수 있는 사회적, 정책적 흐름은 무엇인지, 반대로 위협이 될 수 있는 요소는 무엇인지를 찾아낸다.

▶ [표24] SWOT 분석 툴

강점(Strength)	약점(Weakness)
조직의 자원, 기술력, 브랜드, 팀 역량, 자금력, 운영 방식 등 내부 역량 중 경쟁 우위에 있는 것	조직의 자원, 기술력, 브랜드, 팀 역량, 자금력, 운영 방식 등 내부 역량 중 경쟁 열위에 있는 것
기회(Opportunity)	위협(Threat)
산업 트렌드, 정부 정책, 경쟁 환경, 사회적 수요, 법/제도 변화 등 외부 환경적 요소가 기업의 목적 달성에 유리한 것	산업 트렌드, 정부 정책, 경쟁 환경, 사회적 수요, 법/제도 변화 등 외부 환경적 요소가 기업의 목적 달성에 불리한 것

이 과정을 통해 우리는 어떤 전략이 유효한지 교차적으로 정리할 수 있다. 예컨대, 강점을 활용하여 기회를 잡는 SO 전략, 약점을 보완하여 기회를 노리는 WO 전략 등이 여기에 해당한다.

- SO 전략: 강점을 활용해 기회를 잡는 전략
- ST 전략: 강점을 활용해 위협을 이기는 전략
- WO 전략: 약점을 개선해 기회를 얻는 전략
- WT 전략: 약점과 위협을 동시에 최소화하는 방어 전략

창업팀 G를 다시 예로 들어보자. 창업팀 G는 하천·하구에 떠다니는 부유 쓰레기를 자율주행 로봇을 통해 수거하는 기술 기반 소셜 비즈니스 모델을 구상하고 있었다.

해당 모델의 강점(Strengths)은 기술 기반의 자동화 시스템, 인력 의존도를 줄일 수 있는 구조, 그리고 환경 문제라는 명확한 사회적 미션이었다. 약점(Weaknesses)은 초기 장비 제작 비용이 많이 들고, 공공 조달 중심의 구조라는 점에서 진입 장벽이 있다는 것이었다. 기회(Opportunities)로는 해양수산부 등 정부의 환경 정책 확대, ESG 연계 CSR 프로젝트 증가, 기후 위기 대응과의 융합 가능성이 있었다. 위협(Threats)으로는 대기업의 유사 기술 개

발 가능성, 정책 의존에 따른 예산 축소 위험, 장비 오작동 시 신뢰도 저하 가능성 등이 있었다. 이를 해당 표에 대입하면 다음과 같이 확인할 수 있다.

▶ [표25] 창업팀 G의 SWOT 분석

강점(Strength)	약점(Weakness)
• 기술 기반 자동화 시스템 (자율주행, AI 센서 등) • 인건비 절감 및 빠른 대응 가능 • 환경문제 해결이라는 명확한 사회적 미션	• 초기 장비 개발 및 유지비 부담 • 정부/지자체 대상 B2G 구조로 진입 장벽 존재 • 지역 인식 부족 시 확산에 시간 소요
기회(Opportunity)	위협(Threat)
• 환경부, 해양수산부 중심의 관련 정책 증가 • ESG · CSR 연계한 기업 및 지자체 협업 기회 • 기후위기 대응 사업과의 연계 가능	• 대기업 · 글로벌 기술사의 유사 장비 출시 가능성 • 정책 변화에 따른 예산 축소 리스크 • 기기 고장 시 긴급 대응 체계 미흡 가능성

이를 통해 확인할 수 있는 창업팀 G의 전략 방향은 다음과 같다.

- SO 전략: 정책 자금을 활용해 지역 실증사업 시도
- WO 전략: 기술 신뢰 확보를 위한 시범 사업 확대
- ST 전략: ESG 홍보를 통해 대기업 CSR과 연계
- WT 전략: 공공재로 기증 형태의 보급 모델 설계

정리하자면, 창업팀 G는 SWOT 분석을 통해 '기술 경쟁력과 정책 수요를 연결하고, 초기에는 지역 협업을 통해 신뢰 기반을 확보한 뒤, 민간·글로벌 시장으로 확대하는 다단계 전략'이 필요한 것을 알 수 있다.

다음으로 소개할 툴은 포지셔닝 전략이다. 포지셔닝 전략은 소비자 또는 고객의 인식 속에서 우리 브랜드(또는 서비스)가 어떤 이미지, 가치, 차별점으로 자리 잡는지를 정의하는 전략으로 1981년 알 리스(Al Ries)와 잭 트라우트(Jack Trout)가 《Positioning: The Battle for Your Mind》에서 처음 체계화하였다.

한편, 포지셔닝 전략의 핵심은 다음 문장으로 요약될 수 있다.

"경쟁자와 구별되는 고유한 위치를
고객의 마음속에 확보하라."

포지셔닝 전략은 보통 X축과 Y축을 기준으로 한 이차원 포지셔닝 맵을 통해 시각화될 수 있는데, 다음 절차로 설계할 수 있다.

- 내가 해결하는 사회 문제 정의
- 우리 서비스가 제공하는 핵심 가치 추출
- 시장에서 유사한 가치(또는 해결 방식)를 제공하는 경쟁자 파악
- '문제 접근 방식', '기술 수준', '대상 범위', '성과 지속성' 등 기준을 축으로 설정
- 경쟁자들과의 상대적 위치 도식화 → 차별 포인트 명확화

다시 창업팀 G를 예로 들어보자. X축은 기술 기반 자동화 수준, Y축은 사회 문제 해결 효과(공공성)로 설정할 수 있었다. 이 기준에 따라 현재 시장에 존재하는 기존 모델들과의 상대적 위치를 다음과 같이 구분할 수 있었다.

▶ [표26] 창업팀 G 포지셔닝 전략

	높은 문제 해결 효과(공공성)	
		■ 창업팀 G
		높은 기술 기반 자동화 수준
■ 공공기관 수거활동		
낮은 기술 기반 자동화 수준		
		■ 고가 민간 장비
	낮은 문제 해결 효과(공공성)	
■ 공공 캠페인		

한쪽에는 NGO 중심의 수작업 청소 캠페인이 존재한다. 이 모델은 사회적 메시지는 강하지만 지속성과 자동화 기술이 떨어진다.

그 위에는 공공기관 수거 활동이 존재한다. 지속성은 존재하나, 자동화 기술이 떨어진다.

다른 한쪽에는 민간에서 판매 중인 고가의 수상 청소 로봇이 있다. 이는 기술력은 높지만, 상업적 판매를 목적으로 설계되어 사회적 접근성이 낮다.

이 사이에서 창업팀 G는 기술력을 바탕으로 하면서도 공공 문제 해결을 직접 타깃으로 하는 유일한 하이브리드 모델로 포지셔닝될 수 있었다.

즉, 단순히 '쓰레기를 수거하는 기계'가 아닌, 사회 문제의 공백을 기술로 해결하면서도 공공성과 확산 가능성을 갖춘 설루션으로 자리매김하는 것이 포지셔닝 전략의 핵심이었다.

기술력이 있다고 해도 공공성을 갖추지 못한 고가 민간 장비와는 다르며, 자원봉사 기반의 일회성 캠페인과도 차별된다. '적절한 비용에, 공공문제를 지속적으로 해결할 수 있는 기술 기반 설루션'이라는 차별적 포지션을 구축할 수 있다. 이를 통해 창업팀 F는 '기술 자동화와 사회적 가치 모두를 갖춘 공공문제 해결형 하이브리드 설루션'이라는 명확한 위치를 차지하며, 단순 기술 제품도, 단순 자원봉사 캠페인도 아닌 제3의 카테고리로 포지셔닝된다.

요약하자면, SWOT 분석은 우리가 가진 자원과 환경을 객관적으로 평가하여 전략을 도출하는 프레임이고, 포지셔닝 전략은 시장 속에서 우리의 위치를 명확히 하여 고객이나 투자자에게 신뢰를 주는 도구이다.

특히 소셜 비즈니스 모델에서는 이 두 가지가 단순 전략 수립을 넘어, 사회적 가치와 지속 가능성을 논리적으로 설득하는 데 중요한 기반이 된다.

*We Were
All Born
Entrepreneur*

IV

소셜 비즈니스의 수익화 구조

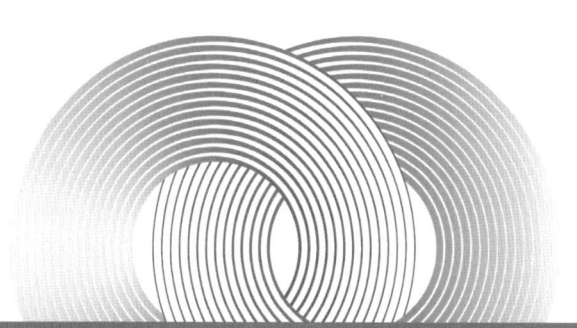

소셜 비즈니스 모델은 기본적으로 사회 문제 해결이라는 분명한 목적을 중심에 둔다. 그러나 사회적 미션이 분명하다는 이유로 수익 창출이 부차적인 것으로 여겨져서는 안 된다. 오히려 사회적 가치를 지속적으로 실현하기 위해서는 자생할 수 있는 수익 구조를 반드시 갖추어야 하며, 이를 통해 일회성 후원이나 단기 프로젝트에 의존하지 않고 장기적으로 사회적 임팩트를 만들어 낼 수 있어야 한다.

일반적인 비즈니스 모델은 사용자가 서비스를 이용하고 그에 대한 비용을 직접 지불하는 구조가 대부분이다. 그러나 소셜 비즈니스에서의 수익화 구조는 다르다. 이 모델에서는 제품이나 서비스를 사용하는 사람(사용자), 혜택을 받는 사람(수혜자), 비용을 지불하는 사람(비용부담자)이 서로 일치하지 않을 수 있다. 예컨대 고령층을 위한 디지털 교육 프로그램의 경우, 교육을 받는 시니어가 사용자이자 수혜자일 수 있지만, 실제 교육비는 지자체나 정부, 또는 기업이 부담할 수 있다. 이처럼 관계가 복잡한 만큼, 소셜 비즈니스는 일반 영리기업보다 더욱 정교한 수익화 구조가 요구된다.

소셜 비즈니스의 수익화 구조를 설계할 때는 다섯 가지 핵심 요소를 고려해야 한다.

첫째, '누구에게 어떤 가치를 제공하는가?'를 명확히 해야 한다. 단순히 서비스를 제공한다고 해서 수익이 발생하는 것이 아니라, 고객이 인식하고 공감하는 가치가 존재해야 비로소 비용을 지불할 동기가 생긴다. 예를 들어 장애인을 대상으로 직업훈련을 제공하는 사업이라고 하더라도, 단순 기술 교육에 그친다면 기업이나 정부와 같은 비용부담자에게는 그 가치를 설득하기 어렵다. 그러나 해당 훈련이 채용과 연계되고, 사회적 통합이나 기업 이미지 제고에 기여한다면, 이들은 이를 가치 있는 투자로 인식하게 된다.

둘째, 비용을 지불할 의사가 있는 주체가 누구인지 명확히 해야 한다. 소셜 비즈니스에서는 실제로 비용을 지불하는 주체가 사용자와 다를 수 있기 때문에, 비용부담자가 누구이며, 그들이 어떤 기준으로 지불 결정을 내리는지를 파악해야 한다. 개인의 경우에는 서비스의 질과 가격, 접근성 등이 중요한 기준이 될 수 있으며, 기업은 브랜드 이미지, ESG 활동과의 연계성을 고려할 것이다. 정부나 공공기관은 정책과의 적합성, 공공성, 그리고 성과 지표 달성 가능성을 기준으로 삼는다. 따라서 수익 구조를 설계할 때는 이들의 동기를 명확히 파악하고, 설득력 있는 비용 지불 논리를 함께 구성해야 한다.

셋째, 사회적 미션과 수익 사이의 균형을 고려해야 한다. 소셜 비즈니스는 본질적으로 사회적 가치를 실현하기 위한 것이지만, 동시에 수익을 내야 지속될 수 있다. 공익성만 강조해서는 운영할 수 없고, 반대로 수익성에만 집중하면 사회적 신뢰를 잃을 수 있다. 따라서 수익화 구조는 단기적인 이익이 아니라 장기적인 사회적 임팩트의 지속 가능성을 중심으로 설계되어야 하며, 대표자의 가치관과 조직의 정체성, 고객과의 신뢰 관계가 이 안에 녹아 있어야 한다.

넷째, 수익원은 반드시 다변화되어야 한다. 하나의 수익원에 의존하는 구조는 정책 변화나 경기 상황에 쉽게 영향을 받을 수 있다. 정부 보조금이나 기업의 후원에만 의존하는 경우, 외부 환경의 변화로 수익이 중단되면 사업 자체가 유지되기 어렵다. 따라서 다양한 수익원을 조합하여 구조를 설계하고, 이들 간의 상호보완적 관계를 통해 위험을 분산시킬 필요가 있다.

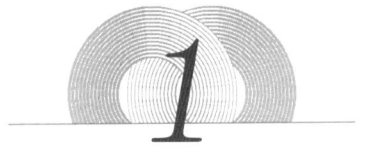

We Were All Born Entrepreneur

소셜 비즈니스의 대표적 수익 모델

이와 같은 고려 요소를 바탕으로 소셜 비즈니스 모델은 다음과 같은 다섯 가지 수익화 구조로 나눌 수 있다.

첫 번째는 개인 소비자(B2C)를 대상으로 하는 구조이다. 이 모델은 사용자, 수혜자, 비용부담자가 동일한 경우로, 개인이 본인의 필요에 따라 직접 비용을 지불하고 서비스를 이용한다. 예를 들어 시니어가 디지털 교육 수업을 듣기 위해 수강료를 직접 내는 방식이 여기에 해당된다. 비건 제품을 구매하는 소비자도 이 구조에 속한다. 다만 이 구조는 가격 민감도가 높고, 고객이 경제적으로 취약한 경우가 많으므로, 단순한 효율성만으로는 지속적인 수익을 기대하기 어렵다. 고객이 감동하고, 사회적 가치를 인정할 수 있어야만 수익이 유지된다.

두 번째는 기업(B2B)을 대상으로 하는 모델이다. 기업이 사회적 가치를 실현하기 위한 목적으로 소셜 비즈니스의 제품이나 서비스를 구매하는 구조이며, 기업의 CSR 또는 ESG 전략과 밀접한 연관이 있다. 예를 들어, 장애인 고용과 관련된 교육 프로그램을 기업에 제공하여 채용과 연계시키는 방식이 이에 해당한다. 기업은 이 과정에서 채용 리스크를 줄이고 사회적 이미지를 높일 수 있으며, 소셜 비즈니스는 수익과 사회적 임팩트를 동시에 달성할 수 있다.

세 번째는 정부 및 공공기관(B2G)을 대상으로 하는 구조이다. 정책적 필요성과 공공성이 요구되는 사업일수록 이 구조가 효과적이며, 정부의 위탁사업, 보조금, 성과보상형 예산 등을 통해 수익을 창출할 수 있다. 예컨대 고령층의 재취업 교육 프로그램이 정부의 고용정책과 맞물려 운영되는 경우, 정부로부터 사업비를 지원받을 수 있다. 이 구조는 안정성이 높지만, 동시에 공공정책의 변화에 민감하게 반응해야 하는 부담이 따른다.

네 번째는 교차보조(Cross-subsidy) 모델이다. 일부 고객에게 유료 서비스를 제공하고, 그 수익으로 다른 일부 고객에게는 무료 서비스를 제공하는 방식이다. 예를 들어, 청년층에게는 일정 금액의 유료 교육을 제공하면서, 취약계층 청소년에게는 무료 교육을 제공하는 방식이다. 이 구조는 사회적 형평성을 확보하면서도 수익을 창출할 수 있다는 장점이 있다. 다만, 유료 고객에게 제공하는 서비스의 품질이 높고 신뢰를 받을 수 있어야 교차보조가 효과적으로 작동한다.

마지막은 후원 기반 모델이다. 사회적 미션이 뚜렷하고 공공성이 높은 사업은 후원자나 재단, 기업, 개인 기부자 등으로부터 직접적인 지원을 받을 수 있다. 청소년, 장애인, 탈북민, 환경보호 등 구조적이고 민감한 사회 문제를 다루는 경우 이 모델이 효과적이다. 공모사업, 기부금, 크라우드펀딩 등을 수익원으로 삼지만, 외부 후원에만 의존할 경우 장기적인 사업 지속이 어렵기 때문에 반드시 자체 수익 구조와 병행해야 한다.

이처럼 소셜 비즈니스의 수익화 구조는 단순히 '수익을 낼 수 있는가?'의 문제가 아니라, '사회적 가치를 얼마나 오래, 안정적으로 실현할 수 있는가?'를 중심으로 설계되어야 한다. 다양한 이해관계자와 고객의 관점에서 지불할 수 있는 가치를 설계하고, 그것이 실제 수익으로 이어지도록 만드는 과정이야말로, 소셜 비즈니스가 자립하고 성장하는 데 있어 핵심적인 전략이 된다.

▶ [표27] 소셜 비즈니스의 대표적 수익 모델

구분	내용	예시
B2C 모델	사용자 = 수혜자 = 비용부담자. 개인이 본인에게 직접 혜택이 돌아오는 서비스에 비용을 지불하는 구조	시니어 대상 유료 교육 강의, 외국인 유학생 대상 어학수업
B2B 모델	사회적 가치를 통해 기업의 CSR, 고용확대, 이미지 제고 등에 기여함으로써 기업이 비용을 지불	장애인 고용 연계 플랫폼, 시니어 교육-기업 연계 일자리 매칭 서비스
B2G 모델	정책사업 연계. 공공성이 명확한 서비스에 정부나 지자체가 예산을 배정하여 수익을 보장	고령층 재취업 훈련 프로그램, 저소득층 대상 교육바우처
교차보조 모델	일부는 유료(B2C/B2B), 일부는 무료로 제공함. 유료 이용자 수익으로 무상 서비스 유지	유료 디지털 콘텐츠 + 무료 집합 교육, 프리미엄 교육과정 운영
후원 기반 모델	사회적 가치와 공익성을 인정받아, 기업 혹은 재단의 후원으로 운영비를 확보	청년/시니어 멘토링 프로그램, 시민단체 협업 교육 등

    소셜 비즈니스의 수익화 구조는 단순히 '수익을 낼 수 있는가'의 문제가 아니라, '사회적 가치를 얼마나 오래, 안정적으로 실현할 수 있는가'를 중심으로 설계되어야 한다. 수익은 목적이 아니라, 지속 가능한 사회적 미션을 실현하기 위한 수단이며, 다양한 이해관계자와 고객의 관점에서 '지불할 만한 가치'를 어떻게

설계할 것인가가 핵심 과제가 된다. 이 가치가 실제로 수익으로 연결되도록 만드는 과정은, 소셜 비즈니스가 자립하고 성장하기 위해 반드시 거쳐야 하는 전략적 경로다.

한편, 소셜 비즈니스 모델을 구상하는 초기 단계에서는 어떤 수익 모델이 우리 사업에 가장 적합한지 혼란스러울 수 있다. 이러한 혼란은 대부분, 아이템이 아직 명확히 구체화되지 않았음에도 불구하고 "이것도 가능하고 저것도 할 수 있다."는 식으로 완성형 모델을 너무 이른 시점에 상상하면서 생기는 괴리감에서 비롯된다.

실제로 다섯 가지 수익 모델은 소셜 비즈니스의 성격, 타깃 고객, 해결하고자 하는 사회 문제의 속성에 따라 단독으로 사용되기도 하고, 복합적으로 조합되어 설계되기도 한다. 특히 성공적인 소셜 비즈니스들은 대부분 2개 이상의 수익 모델을 유기적으로 연결함으로써 위험을 분산시키고, 사회성과 수익성 사이의 균형을 효과적으로 맞추고 있다.

그러나 사업은 한 번에 완성되는 것이 아니라, 단계적으로 성장하는 것이 자연스럽다. 따라서 초기 단계에서는 모든 수익 모델을 동시에 구현하려 하기보다는, 현재 조건 안에서 실제로 비용을 지불할 가능성이 있는 '초기 비용부담자'에 집중할 필요가 있다. 이러한 접근을 통해 사업의 실행 가능성을 구체적으로 검토하고, 현실적인 수익 구조를 조금씩 확장해 나갈 수 있다.

이러한 혼란을 줄이고 방향성을 명확히 하기 위해서는, 다음에 제시될 체크리스트를 활용하여 현재 사업이 어떤 수익 모델에 가까운지, 그리고 지금 시점에서 어디에 우선 집중해야 할지를 점검해 보는 것이 바람직하다. 이를 통해 소셜 비즈니스 모델은 보다 명확하고 실현 가능한 방향으로 정립될 수 있다.

이 체크리스트는 소셜 비즈니스의 대표적인 수익화 구조인 B2C, B2B, B2G, 교차보조, 후원 기반 등 다섯 가지 유형을 기준으로 항목이 구성되어 있다. 각 항목은 '누가 사용하는가', '누가 비용을 지불하는가', '지불의 명분은 무엇인가'와 같은 핵심 질문들로 이루어져 있으며, 사용자는 이에 따라 자신의 모델을 하나씩 점검해 나가면 된다.

체크리스트를 사용할 때는 먼저 사업 아이템에 대해 명확히 정리한 후, 각 항목을 읽고 해당 내용이 자신이 계획하고 있는 사업 구조에 부합하는지 판단한다. 해당 항목에 부합하면 표시하고, 아닌 경우에는 체크하지 않는다. 체크가 많이 된 모델이 현재 구상 중인 수익 구조와 가장 가까운 형태라고 볼 수 있으며, 이는 해당 모델을 중심으로 수익화를 설계해야 함을 의미한다.

다만, 체크리스트는 현재 사업의 상태를 점검하는 도구이므로, 이후 사업의 성장 과정에서 수익 모델이 변경되거나 추가되는 것은 자연스러운 흐름이다. 따라서 체크리스트 결과를 절대적인 결론으로 보지 말고, 지금 단계에서 어디에 집중해야 할지를 판단하는 참고 자료로 활용하는 것이 중요하다. 또한 체크가 분산되어 있는 경우에는 현재 모델이 지나치게 복합적으로 설계되어 있을 수 있으므로, 초기 실행이 가능한 모델부터 단계적으로 접근해 나가는 것이 바람직하다.

▶ [표28] 소셜 비즈니스 모델 수익모델 체크리스트

구분	인증요건	근거
1. 조직형태	민법에 따른 법인·조합, 상법에 따른 회사, 특별법에 따라 설립된 법인 또는 비영리민간단체 등 대통령령으로 정하는 조직형태를 갖출 것	「사회적기업 육성법」 제8조 제1항 제1호, 동법 시행령 제8조
2. 유급근로자 고용	유급근로자를 고용하여 재화와 서비스의 생산·판매 등 영업활동을 할 것	「사회적기업 육성법」 제8조 제1항 제2호
3. 사회적 목적의 실현	취약계층에게 사회서비스 또는 일자리를 제공하거나 지역사회에 공헌함으로써 지역주민의 삶의 질을 높이는 등 사회적 목적의 실현을 조직의 주된 목적으로 할 것	「사회적기업 육성법」 제8조 제1항 제3호, 동법 시행령 제9조
4. 이해관계자가 참여하는 의사결정구조	서비스 수혜대상, 근로자 등 이해관계자가 참여하는 의사결정 구조를 갖출 것	「사회적기업 육성법」 제8조 제1항 제4호

5. 영업활동을 통한 수입	영업활동을 통하여 얻는 수입이 노무비의 50% 이상일 것	「사회적기업 육성법」 제8조 제1항 제5호, 동법 시행령 제10조
6. 정관의 필수사항	「사회적기업 육성법」 제9조에 따른 사항을 적은 정관이나 규약 등을 갖출 것	「사회적기업 육성법」 제8조 제1항 제6호, 제9조 제1항
7. 이윤의 사회적 목적 사용	회계연도별로 배분 가능한 이윤이 발생한 경우에는 이윤의 3분의 2 이상을 사회적 목적을 위하여 사용할 것 (상법상 회사·합자조합일 경우)	「사회적기업 육성법」 제8조 제1항 제6호, 제9조 제1항

사용 후 버려지는 천과 식물성 왁스를 활용해 재사용이 가능한 친환경 포장지를 만드는 주식회사 H를 예로 들어보자.

주식회사 H는 원래 기업(B2B) 대상 모델을 구상했다. 친환경 캠페인을 운영하거나 사내 기념품 제작이 필요한 기업들이 주요 고객이 될 것으로 판단했고, ESG 실천이 중요한 중견·대기업을 타깃으로 했다.

그러나 수익 모델 진단 체크리스트를 활용한 후, 사업 초기 단계에서는 기업이 아닌 일반 소비자(B2C)가 더 현실적이고 실행 가능한 고객층이라는 점을 발견했다.

이러한 점검 결과, 주식회사 H는 제품의 첫 판매 채널을 소규모 친환경 마켓, 온라인 셀렉트 숍, SNS 정기구독자 판매 등

B2C 기반의 직판 채널로 전환하였다. 특히 소비자들이 "예쁘고 실용적이면서도 환경 보호까지 동참할 수 있어 좋다."는 반응을 보이면서, 브랜드 이미지 형성과 재구매율을 확보하는 데 도움이 되었다.

이후 만족도 조사와 고객 리뷰를 바탕으로, B2B로 확장 가능한 맞춤형 상품 구성과 납품 프로세스를 재정비하였다. 중소기업, 편집숍, 호텔 등에 제공할 기념품용 포장 패키지도 개발 중이다.

이를 문장으로 구성한다면 다음과 같이 구성될 수 있다.

> 초기 기획 단계에서는 ESG 경영을 실천하려는 기업을 대상으로 하는 B2B 납품을 주요 수익 모델로 고려하였으나, 실제 사업화 초기 단계에서는 개인 고객(B2C)의 반응이 훨씬 빠르고 적극적이었습니다.
> 친환경 라이프스타일을 실천하려는 소비자들이 자발적으로 자사몰, 제로 웨이스트 편집숍, 마켓 행사 등을 통해 제품을 구매하였고, '스토리 있는 소비'에 공감하며 입소문을 통해 확산되었습니다. 이에 따라 현재는 자사 브랜드를 중심으로 한 B2C 유통에 집중하고 있으며, 고객은 제품 사용자이자 비용부담자, 동시에 사회적 가치를 함께 실현하는 참여자입니다 **초기 수익 모델**.
> 제품의 품질과 브랜드에 대한 시장 신뢰가 점차 확보됨에 따라,

기업이 요구하였던 브랜드 신뢰도 부족, 거래 이력 부재 등이 해결됨으로써 중장기적으로는 B2B 모델로의 점진적 확장을 계획하고 있습니다.

기업의 ESG 마케팅용 선물세트, 워크숍 키트, 사내 복지 물품 등으로 활용 가능한 친환경 비누 제품은 사회적 가치를 전달할 수 있는 수단이 되며, 동시에 안정적인 단가 계약을 통한 수익 창출이 가능합니다.

이를 위해 현재 지역 기업 및 공공기관과의 납품 제휴를 준비 중이며, 사회적기업 인증을 통한 공공조달시장 진입도 검토 중입니다 중장기 수익 모델.

We Were All Born Entrepreneur

소셜 비즈니스의 가격 설정 전략

소셜 비즈니스 모델에서 가격 설정은 단순히 '얼마에 팔 것인가'를 결정하는 경제적 행위가 아니다. 가격은 고객에게 제공하는 가치의 크기를 수치로 표현하는 동시에, 사회적 미션과 사업의 지속 가능성 사이에서 균형을 맞추는 전략적 결정이다. 특히 소셜 비즈니스는 일반적인 영리기업과 달리 사용자, 수혜자, 비용부담자가 일치하지 않을 수 있기 때문에, 가격 설정은 더욱 복합적인 요인을 고려해야 한다.

첫 번째로 고려해야 할 점은 가치 기반 가격(Value-Based Pricing) 접근이다. 이는 생산 원가나 경쟁 제품 가격이 아니라, 고객이 실제로 느끼는 가치와 지불 의사에 따라 가격을 책정하는 방식이다. 예를 들어, 고령층을 위한 스마트폰 교육 서비스의 경우, 단순히 시간당 교육료로 가격을 설정하기보다는 해당 교육을 통해 삶의 질이 얼마나 개선되는지를 기준으로 가격을 고려해야 한다. '배워서 손자와 카카오톡을 할 수 있다', '관공서 민원 신청을 혼자 할 수 있게 된다'라는 점에서 고객이 체감하는 가치가 크다면, 실제 비용부담자의 지불 의사 또한 높아질 수 있다.

두 번째는 비용부담자의 유형에 따라 가격 전략을 다르게 설계해야 한다는 점이다. 소셜 비즈니스에서는 비용을 지불하는 주체가 개인일 수도, 기업일 수도, 공공기관일 수도 있다.

개인 고객을 대상으로 할 경우, '지불 가능성'과 '지불 의사' 사이에서 민감한 조정이 필요하다. 특히 취약계층을 대상으로 한다면, 비용은 낮게 설정하되 서비스의 가치 전달은 명확해야 한다.

반대로 기업이나 정부를 대상으로 할 경우, 가격은 단지 비용이 아니라 성과 지표나 사회적 책임 이행의 수단이 될 수 있다. 이때는 서비스 단가보다는 효과, 파급력, 정량적 성과에 따라 계약 단가를 책정하는 것이 바람직하다.

세 번째로는 사회적 가치와의 정합성이다. 소셜 비즈니스는 본질적으로 사회적 격차를 해소하고자 하는 사업인 만큼, 가격이 또 다른 배제의 수단이 되어서는 안 된다. 예컨대 사회적으로 취약한 계층에게 제공하는 서비스라면, 무상 또는 최소 비용 구조를 고려하되, 재정적 지속성을 확보하기 위해 교차보조(cross-subsidy) 방식이나 다중 가격제(differentiated pricing)를 활용할 수 있다. 교차보조 방식은 일부 고객군에게는 유료 서비스를 제공하고, 그 수익으로 다른 고객군에게 무상 서비스를 제공하는 방식이다. 다중 가격제는 동일한 서비스를 사용자군에 따라 차등 가격으로 제공하는 전략이다. 예컨대 일반 소비자와 공공기관, 후원 기관에 따라 가격을 다르게 제시하는 방식이다.

또한, 소셜 비즈니스는 종종 보조금, 후원, 공공기관 계약 등 외부 자원과 연계되는 경우가 많으므로, 가격이 해당 파트너들의 예산 기준과 정책 요건에 부합해야 한다. 따라서 가격을 설정할 때는 사회적 메시지 전달, 성과 측정 가능성, 후속 협력 가능성 등을 모두 고려하여 다층적인 가격 구조를 설계하는 것이 바람직하다.

마지막으로, 가격은 단지 재무적인 요소만이 아니라 브랜드 가치와 고객의 신뢰 형성에도 영향을 미친다. 지나치게 낮은 가격은 서비스의 품질에 대한 의구심을 불러일으킬 수 있으며, 반대로 과도한 가격은 공공성과 거리감을 형성할 수 있다. 따라서 적절한 가격 책정은 사회적 신뢰를 얻는 수단이며, 소셜 미션의 진정성을 설득력 있게 전달하는 하나의 메시지가 된다.

결론적으로, 소셜 비즈니스에서의 가격 설정은 단순한 숫자가 아니라, 사회적 가치와 지속 가능성, 고객 감수성과 비용부담자의 관점을 모두 종합한 전략적 커뮤니케이션 도구다. 이는 사업의 철학과 미션, 고객의 상황, 외부 파트너와의 관계까지 아우르는 종합적 판단에 기반해야 하며, 수익성과 공익성 사이의 균형 위에서 이루어져야 한다.

다시 한번 강조하지만, 소셜 비즈니스 모델에서의 가격 설정은 단순히 '얼마에 팔 것인가'를 정하는 행위가 아니다. 그것은 고객에게 전달하는 가치, 사업의 지속 가능성, 사회적 신뢰, 그리고 소셜 미션 간의 균형을 설계하는 전략적 결정이다. 특히 소셜 비즈니스에서는 제품이나 서비스를 사용하는 사람(사용자), 그로 인해 혜택을 받는 사람(수혜자), 그리고 실제로 비용을 지불하는 사람(비용부담자)이 일치하지 않을 수 있기 때문에, 가격은 단일한 경제적 기준이 아니라 복합적 이해관계자의 관점을 반영해야 하는 조율의 결과이다.

가장 먼저 고려해야 할 것은 단위당 원가 분석이다. 이는 서비스를 제공하기 위해 발생하는 고정비와 변동비를 모두 계산해 1인당 제공 비용을 산정하는 과정이다. 예를 들어 시니어 대상 디지털 교육 서비스를 운영한다면, 강사료, 교재 제작비, 공간 임대료, 운영 인력의 인건비 등이 모두 포함되어야 하며, 이것이 곧 최소한의 가격 설정 기준이 된다. 이처럼 실제 원가를 정확히 파악하는 일은 수익성 검토뿐 아니라, 파트너나 투자자에게 가격의 정당성을 설명할 수 있는 근거이기도 하다.

다음으로는 시장 및 경쟁자 분석을 통해 유사한 가치 제안을 하는 서비스들의 가격대를 비교 분석해야 한다. 이때 중요한 것은 동일한 제품이 아니라 동일한 가치를 제공하는 대체재를 기준으로 삼는 것이다. 예를 들어 시니어 디지털 교육의 경쟁자는 단순히 같은 교육과정이 아니라, 무료 공공 프로그램, 평생교육기관, 유튜브 학습 채널 등이 될 수도 있다. 이를 통해 우리는 고객의 가격 기대 수준을 파악하고, 우리 서비스의 상대적 위치를 조정할 수 있다.

그다음은 손익분기점 분석(Break Even Point Analysis)이다. 즉, 이 사업이 손실 없이 지속되기 위해서, 필요한 최소 이용자 수 또는 판매량이 얼마인지 계산하는 것이다. 예컨대 연간 고정비가 5,000만 원이고, 1인당 제공 비용이 5만 원, 가격을 10만 원으로 책정할 경우, 손익분기점은 1,000명이 된다. 이는 곧 현실적인 유치 목표와 마케팅 전략의 기준이 되며, 투입 대비 수익의 타당성을 검토할 수 있게 해준다.

여기에 더해 민감도 분석을 통해 가격 변화에 따른 고객 반응을 예측하는 것도 중요하다. 만약 가격을 소폭 인상할 때 참여율

이 얼마나 떨어질 수 있는지, 반대로 가격을 낮췄을 때 기대할 수 있는 유입 효과는 무엇인지 등의 시나리오를 사전에 시뮬레이션 해야 한다. 이러한 분석은 가격 설정이 수익성뿐 아니라 고객 신뢰, 사회적 평판, 재구매율 등 다양한 변수에 어떤 영향을 줄 수 있는지를 입체적으로 이해하는 데 도움을 준다.

그리고 반드시 필요한 단계는 파일럿 운영을 통한 실제 시장 반응 검증이다. 고객이 실제로 얼마까지 지불할 의사가 있는지를 확인하기 위해, 소규모 유료 테스트 프로그램을 진행하고 고객 피드백을 수집한다. '가격 대비 만족도', '향후 재참여 의향', '무상 제공 시의 감정 변화' 등을 확인함으로써, 가격 구조에 대한 실증적 데이터를 확보할 수 있으며, 필요한 경우 세분화된 가격 전략(예: B2C, B2G, 후원가 등)으로 재구성할 수 있다.

마지막으로, 가격은 그 자체로 사회적 신뢰의 표현이기도 하다. 지나치게 낮은 가격은 오히려 품질에 대한 의구심을 낳고, 너무 높은 가격은 공익성과의 거리감을 형성할 수 있다. 따라서 가격은 제품의 품질, 조직의 철학, 고객의 감수성, 사회적 미션이 맞물리는 지점에서 조율되어야 하며, 이는 단순한 재무전략을 넘어 고객과의 정서적 계약을 맺는 과정이기도 하다.

아래는 실제로 소셜 비즈니스 사업자가 작성해야 하는 항목 중심으로 구성한 가격 설정 전략 템플릿이다.

▶ [표29] 가격 설정 전략 템플릿

순번	항목	작성 방법
1	제품/서비스명	우리 조직이 제공하는 제품 또는 서비스의 명칭을 작성
2	주요 고객 (사용자)	실제로 이 서비스를 사용하는 주요 고객의 연령, 성별, 특성 등을 구체적으로 작성
3	수혜자와 사용자 구분	수혜자, 사용자, 비용부담자가 각각 누구인지 구체적으로 구분하여 작성
4	고객이 기대하는 가치	고객은 이 서비스를 통해 무엇을 얻고자 하는가? 감정적/기능적 측면에서 정리
5	제공하는 핵심 가치	이 서비스가 고객에게 제공하는 가장 중요한 가치는 무엇인가?
6	경쟁 상품/ 서비스와 비교	유사한 제품/서비스는 어떤 것이 있고, 가격 · 품질 · 가치 측면에서 어떻게 다른가?
7	가격 민감도 분석	고객이 지불할 수 있는 가격의 범위는 어느 정도이며, 어떤 가격대에 부담을 느끼는가?
8	사회적 가치 반영 정도	이 서비스가 갖는 사회적 의미는 무엇이며, 이를 통해 고객이 느낄 수 있는 감동 또는 신뢰 요소는 무엇인가?
9	가격 책정 방식	어떤 가격 책정 방식을 적용할 것인지 체크하고, 그 이유를 간단히 작성 (원가 기반/가치 기반/기부/후불제/교차보조 등)
10	실현 가능한 수익 모델	적용 가능한 수익 모델은 무엇이며 해당 모델에서의 수익 흐름을 간략히 설명
11	할인/보조 전략	취약계층, 초기 고객, 대량 이용자 등을 위한 할인 또는 보조 전략이 있다면 구체적으로 작성
12	가격 커뮤니케이션 전략	고객에게 가격을 어떻게 설명할 것인가? 설득 메시지를 포함하여 설명 방식을 작성
13	향후 확장 가능성	가격 구조 또는 수익 모델을 어떤 방향으로 확장하거나 조정할 계획인지 서술
14	최종 책정 가격	위 모든 항목을 고려했을 때, 서비스 1회 기준 가격 또는 단가를 명확히 수치로 작성

경력 단절 여성에게 안정적인 일자리를 제공하고, 동시에 환경과 건강을 고려한 수제 비누를 생산하는 주식회사 I를 예로 들어보자. 이 기업은 출산, 육아, 돌봄 등의 이유로 노동시장에서 단절된 여성들이 자신의 손으로 친환경 제품을 만들며 다시 사회와 연결될 수 있는 기회를 제공한다.

제품은 천연 재료와 재사용 가능한 포장지를 활용하여 제작되며, 주요 고객층은 가족의 건강과 윤리적 소비에 민감한 30~50대 여성, 유아 자녀를 둔 부모, 친환경 생활을 지향하는 소비자 등이다. 비누 한 개에는 단순한 세정 이상의 가치가 담겨 있다. 제품을 구매하는 소비자들은 그 자체로 경력 단절 여성의 사회 복귀를 응원하고 지속 가능한 환경에 기여하게 되는 것이다.

주식회사 I의 가격 전략은 일반 수제 비누보다 다소 높은 편이지만, 소비자들은 가격 이상으로 제품에 담긴 가치에 주목한다. 또한, 지자체 및 복지기관과의 협업을 통해 B2G 모델로 확장할 가능성도 고려하고 있으며, 출산 축하 키트, 기업 복지 기념품, 정기 구독 박스 등 다양한 방식으로 제품군을 확장 중이다.

이처럼 주식회사 I는 단순히 상품을 판매하는 기업이 아니라, 사회 문제 해결과 개인의 삶을 연결 짓는 하나의 플랫폼이자 이야기의 통로로 작동하고 있다.

위의 사례를 템플릿으로 옮기면 다음과 같이 작성할 수 있다.

▶ [표30] 주식회사 I의 가격 설정 전략 템플릿 예시

순번	항목	작성 방법
1	제품/서비스명	경력 단절 여성 고용 친환경 수제 비누 G
2	주요 고객 (사용자)	가족 건강을 중시하는 주부층, 윤리적 소비자, 친환경 관심 소비자
3	수혜자와 사용자 구분	수혜자: 고용된 경력 단절 여성 사용자: 일반 소비자/비용부담자: 사용자
4	고객이 기대하는 가치	피부에 안전한 자연 원료, 고품질 수제 제작, 사회적 의미를 지닌 소비
5	제공하는 핵심 가치	경력 단절 여성에게 안정된 일자리 제공 + 가정용 친환경 제품
6	경쟁 상품/ 서비스와 비교	대형 브랜드보다 작지만 정성 있는 제품/ 사회적 가치와 연결된 브랜드
7	가격 민감도 분석	8,000~10,000원대는 수용 가능/고가일 경우 설득력 필요
8	사회적 가치 반영 정도	여성의 자립과 재취업이라는 사회적 메시지가 긍정적 영향
9	가격 책정 방식	가치 기반 + 원가 연동 혼합형 가격 책정
10	실현 가능한 수익 모델	B2C 중심 + B2G 연계 가능 (지자체 및 복지센터 기념품 등)
11	할인/보조 전략	패키지 묶음 할인, 정기 구독 서비스, 공공기관 납품 시 단가 조정
12	가격 커뮤니케이션 전략	'이 비누에는 여성의 두 번째 커리어가 담겨 있습니다'라는 정서적 공감 마케팅
13	향후 확장 가능성	출산 축하용 세트, 기업 복지용 키트 등 제품군 다각화 예정
14	최종 책정 가격	개당 8,500원(100g 기준)

*We Were
All Born
Entrepreneur*

사회적 가치와 경제적 가치

소셜 비즈니스에서 가격은 단순히 제품이나 서비스의 '값'이 아니라, 고객이 지불하고자 하는 '가치'에 대한 신뢰의 표현이다. 이때 고려해야 할 핵심은 바로 사회적 가치와 경제적 가치의 균형이다.

사회적 가치는 말 그대로, 해당 사업이 사회에 긍정적인 영향을 미치는 정도를 의미한다. 예를 들어 경력 단절 여성을 고용해 친환경 비누를 만든다면, 단순히 일자리를 제공하는 차원을 넘어 자존감 회복, 지속 가능한 환경보호, 지역사회 활성화 등 다양한 긍정적 효과가 파생된다. 이러한 사회적 가치는 직접 수익으로 환산되지는 않지만, 브랜드 신뢰도 향상, 고객 충성도 강화, 미디어·기관의 주목 등 다양한 간접적 자산으로 전환될 수 있다.

반면 경제적 가치는 사업의 재무적 수익성과 직결된다. 원가를 회수하고 조직을 지속 가능하게 유지하기 위해서는 일정 수준의 수익이 반드시 필요하다. 아무리 사회적 가치가 높더라도, 사업 자체가 적자를 지속한다면 결국 그 가치조차 실현할 수 없게 된다.

따라서 소셜 비즈니스는 '사회적 가치의 극대화가 경제적 가치의 기반 위에서만 지속될 수 있다'는 인식을 바탕으로 운영되어야 한다. 제품과 서비스의 가격은 바로 이 두 축이 조화를 이루는 지점에서 설정되어야 하며, 소비자 또한 단순한 기능을 넘어 '세상을 조금 더 나은 방향으로 바꾸는 참여자'로서의 역할을 인식할 수 있도록 유도해야 한다.

결국, 사회적 가치를 실현하기 위한 가장 현실적이고 지속가능한 방법이 경제적 가치를 인정받는 구조를 만드는 것이다. 이 구조 속에서 고객의 선택은 단순한 구매가 아닌 공익에 대한 투자가 되며, 이는 곧 소셜 비즈니스의 존재 이유이자 성장의 원동력이 된다.

사회적 가치를 효과적으로 서술하기 위해서는 단순히 '좋은 일을 한다'는 감성적 표현에 그치기보다는, 구체적으로 어떤 사회 문제를 해결하고 있는지, 그 해결 과정을 통해 누구에게 어떤 변화가 일어났는지를 명확하게 설명해야 한다. 이를 위해 다섯 가지 핵심 단계에 따라 사회적 가치를 정리할 수 있다.

첫째, 해결하고자 하는 사회 문제를 명확히 정의해야 한다. 예를 들어 "한국의 경력 단절 여성은 매년 200만 명 이상 발생하고 있으며, 이 중 70%가 출산 후 5년 이내 재취업에 실패하고 있다."와 같은 통계는 문제의 심각성과 구조적 원인을 구체적으로 보여주는 데 효과적이다.

둘째, 기존의 제도나 서비스가 가진 한계를 짚는 것이 필요하다. 예컨대 "정부의 재취업 교육은 대도시 중심으로 이루어지고 있으며, 실무 경험과 연계성이 부족하다는 평가를 받고 있다."는 식의 설명은 본 비즈니스가 어떤 부분에서 새로운 해결책을 제시할 수 있는지를 드러내는 데 도움이 된다.

셋째, 해당 소셜 비즈니스가 어떤 방식으로 문제에 개입하고 있는지를 구체적으로 설명해야 한다. 예를 들어 "본 사업은 경력 단절 여성에게 친환경 비누 제조와 판매 과정에 참여할 수 있는 실무 중심의 일자리 경험을 제공하며, 지역 기반 공장을 통해 근거리 출퇴근이 가능한 고용 환경을 조성하고 있다."와 같이 서술할 수 있다.

넷째, 이러한 활동을 통해 만들어 낸 사회적 변화를 수치로 제시하면 설득력을 높일 수 있다. 예컨대 "지난 1년간 총 42명의 여성이 고용되었으며, 이 중 68%가 이후 정규직으로 전환되었다."와 같은 지표는 사회적 가치가 실질적으로 성과를 내고 있음을 보여준다.

마지막으로, 이 모델이 가진 파급 효과와 확장 가능성도 함께 제시해야 한다. "경력 단절 여성을 위한 이 모델은 청년 여성이나 다른 취약계층으로도 확대 적용 가능하며, 향후 지역 협동조합 기반의 자립형 사업으로 발전할 수 있다."는 식으로 사회적 가치를 지속적으로 확장해 나갈 수 있는 방향성을 보여주는 것이 중요하다.

이처럼 사회적 가치를 서술할 때는 '누가', '무엇을', '어떻게', '어떤 변화'를 만들어 냈는지를 구체적으로 제시하는 것이 핵심이다. 이를 통해 소셜 비즈니스의 사회적 미션이 단순한 명분이 아니라 실제 성과로 이어지고 있음을 명확하게 전달할 수 있다.

▶ [표31] 사회적 가치 서술 템플릿

순번	항목	작성 방안
1	해결하고 있는 사회 문제	• 현재 해결하고자 하는 사회 문제를 구체적이고 객관적인 데이터(통계, 연구, 뉴스 등)를 기반으로 명시 • 문제의 규모, 심각성, 그리고 사회적 영향을 함께 서술 • 해당 문제로 인한 당사자의 경험, 고통, 제약 등을 드러내는 것이 효과적
2	기존 제도/ 서비스의 한계	• 지금까지 해당 문제를 해결하기 위해 존재했던 정책, 제도, 서비스가 어떤 한계를 가지고 있었는지 서술 • 한계는 접근성, 실효성, 범용성, 지속 가능성 등의 측면에서 서술 • "왜 기존 방식만으로는 충분하지 않았는가?"를 설명

3	사업 개입 방식	• 본 소셜 비즈니스가 해당 문제 해결에 어떻게 개입하고 있는지를 구체적으로 설명 • 제품 또는 서비스가 문제에 어떻게 반응하는지, 당사자와 어떤 관계를 맺는지, 어떤 방식으로 참여시키는지 등을 명시 • 차별화된 실행 방식이 있다면 강조
4	사회적 변화/성과	• 사업이 실제로 만들어 낸 변화(고용, 소득, 인식 개선, 자립 등)를 수치화하거나 스토리텔링 방식으로 기술 • 정량적 성과(고용 인원 수, 지속 기간, 참여율 등)와 정성적 성과(자신감 회복, 공동체 형성 등)를 병행해 작성
5	파급 효과 및 확장성	• 현재 모델이 다른 지역, 계층, 산업으로 확장될 수 있는 가능성을 설명 • 확장이 가능한 이유(보편성, 구조의 단순성, 유사 수요 존재 등)를 제시하고, 향후 계획 또는 비전을 덧붙임 • 사회적 가치의 지속성과 연결된 확장 전략이 있으면 함께 기술

결혼이주여성에게 통역 교육을 통해 통역 전문 일자리를 제공하는 주식회사 J의 사례를 예로 들어보자.

▶ [표32] 주식회사 J의 사회적 가치 서술 템플릿 활용 예시

순번	항목	작성 방안
1	해결하고 있는 사회 문제	• 결혼 이주 여성의 언어·문화 장벽으로 인한 사회 진입 장벽 존재 • 낮은 정규직 고용률과 저임금 단순노동에 집중된 일자리 구조 • 경제적 자립 부족으로 인한 가족 내 갈등 및 2세대 교육 문제 발생
2	기존 제도/ 서비스의 한계	• 다문화가족지원센터 등의 정부 프로그램은 일회성 교육이나 단순 매칭에 머무름 • 고학력 이주 여성의 전문성과 다언어 능력이 제대로 활용되지 못함 • 통번역 업무에 대한 제도적 보장이나 지속 가능한 고용 구조 부족
3	사업 개입 방식	• 이주 여성을 대상으로 한 통번역 전문 교육 과정 운영 • 의료·법률·교육 분야에 특화된 커리큘럼 제공 • 병원, 공공기관, 법률 서비스 등과 매칭 플랫폼을 통한 실무 연계 • 일정 수료 후 자격을 부여하여 장기 파트너십 기반 고용 지원
4	사회적 변화/성과	• 2년간 총 120명의 이주여성 통역사 배출 • 68%가 월 80만 원 이상의 수익 지속 창출 • 참여자 90%가 "사회 기여 의식이 생겼다."는 만족도 응답 • 일부 참여자는 자격 취득 후 프리랜서 활동으로 확장
5	파급 효과 및 확장성	• 다언어 인력 수요가 높은 공공기관 및 민간 서비스에 전국 확장 가능 • 베트남어, 우즈벡어, 몽골어, 중국어 등 다양한 언어권 확대 준비 • 향후 AI 번역 툴과 연계한 하이브리드 통역 시스템 구축 예정 • 지역 기반으로 커뮤니티 매니저와 연계하여 현지 밀착형 서비스 확장 가능

해당 템플릿을 통해 확인된 주식회사 J의 사회적 가치를 서술하면 다음과 같이 나올 수 있다.

한국에 거주 중인 해외 이주 여성들은 언어 장벽과 문화적 차이, 제도 미비로 인해 정규직 일자리 접근성이 낮고, 대부분 저임금 단순노동에 종사하고 있다. 이로 인해 경제적 자립은 물론, 사회 통합의 기회가 제한되며, 이는 장기적으로 가정 내 갈등, 자녀 교육 문제 등 복합적인 사회 문제를 야기한다 해결하고 있는 사회 문제.

정부의 다문화가족지원센터나 일자리 매칭 프로그램이 존재하나, 일회성 교육이나 단순노동 중심의 일자리 연계가 대부분이며, 고학력·다언어 구사 능력을 갖춘 이주 여성의 역량을 살릴 수 있는 구조는 미비하다. 특히 통번역 전문성은 제대로 인정받지 못하고 있으며, 중장기 고용도 이루어지지 않는 실정이다 기존 제도/서비스의 한계.

주식회사 J는 해외 이주 여성을 전문 통역사 및 문화 중개자로 육성하여 병원, 법률, 교육 등 공공·민간 부문에 연결하는 매칭 플랫폼을 운영한다. 이를 위해 자체 교육과정을 통해 전문 용어, 상황별 통역 기법 등을 훈련하고, 파트너 기관과의 협약을 통해 실무 기회를 제공함으로써 실질적 고용으로 이어지도록 한다 사업 개입 방식 .

설립 2년 만에 5개 언어권 출신 이주 여성 120명이 통번역 업무에 참여하고 있으며, 이 중 68%는 월 80만 원 이상의 지속 수입을 얻고 있다. 참여자의 90%는 "스스로 사회에 기여하고 있다는 자긍심이 생겼다."고 응답했다. 또 일부 참가자는 통번역 자격 취득 후 프리랜서로 독립하였다 사회적 변화/성과 .

다언어 지원이 필요한 공공기관(보건소, 경찰서, 학교 등) 및 의료기관, 글로벌 기업 등과 연계해 사업을 전국으로 확장할 수 있다. 특히 국제결혼 및 난민 유입이 증가하는 도시 지역을 중심으로 서비스 확대가 가능하며, 한국어와 영어 외에도 베트남어, 우즈벡어, 몽골어, 중국어 등 다양한 언어권으로의 확장도 준비 중이다. 향후에는 AI 기반 번역 플랫폼과의 연계를 통해 하이브리드 서비스를 도입할 계획이다 파급 효과 및 확장성 .

한편, 경제적 가치를 서술할 때는 단순히 '이 사업이 수익을 낸다'는 진술만으로는 부족하다. 실제로 이 사업이 어떤 방식으로 수익을 창출하고 있는지, 구조적으로 자립이 가능한지, 그리고 얼마나 많은 경제적 효과를 지역사회와 이해관계자에게 제공하고 있는지를 구체적으로 드러내는 것이 중요하다.

우선, 수익 창출 구조에 대한 서술이 필요하다. 이는 사업이 어떤 고객을 대상으로, 어떤 방식으로 비용을 받고 수익을 얻는지에 대한 설명이다. 예를 들어, 개인 고객이 직접 서비스 비용을 지불하는 B2C 모델인지, 아니면 기업이나 기관을 대상으로 계약을 맺고 서비스를 제공하는 B2B 또는 B2G 모델인지에 따라 수익 발생 경로는 달라질 수 있다. 이러한 구조를 분명히 하고, 제품이나 서비스의 단가, 마진율, 반복 구매율 등을 함께 제시하면 보다 설득력 있게 전달할 수 있다.

다음으로, 비용 대비 수익의 구조적 효율성도 중요한 포인트다. 동일한 사회문제를 해결하는 다른 방식에 비해, 이 사업이 얼마나 효율적인지를 수치나 비교로 보여줄 수 있어야 한다. 예를 들어, 기존의 공공 지원 프로그램보다 더 적은 비용으로 교육 효과를 얻거나, 기존 시장 구조보다 더 짧은 기간에 수익분기점을 달성할 수 있다면 그것이 곧 경제적 가치다.

또한 이 사업이 일자리와 소득 창출에 기여하고 있다면, 이는 매우 중요한 경제적 성과다. 경력 단절 여성, 청년, 장애인 등 사회적 취약 계층에게 실제로 몇 명의 일자리를 제공하고 있으며, 이들이 평균적으로 얼마의 소득을 얻고 있는지를 서술하는 것은 사업의 경제적 효과를 직관적으로 보여줄 수 있는 좋은 방식이다.

이와 더불어 사업의 자립 가능성과 성장성도 반드시 언급해야 한다. 외부 후원이나 정부 보조금 없이도 자체 수익만으로 운영이 가능한 구조인지, 또는 점차 수익 비중을 높여가고 있는지 등은 사업의 지속 가능성을 판단하는 핵심 지표다. 특히 연도별 매출 성장률이나 고객 증가 추이, 사업 확장 계획 등을 함께 제시하면, 성장 가능성을 설득력 있게 제시할 수 있다.

마지막으로, 지역경제에 기여하고 있는 바가 있다면 이를 서술하는 것도 경제적 가치의 일환이다. 예를 들어, 지역 소상공인과 협업하거나 지역 기반의 유통망을 활용하고 있다면, 그만큼 지역사회 경제 활성화에 기여하고 있는 셈이다. 이처럼 경제적 가치는 단순히 '돈을 벌었다'가 아니라, '어떤 구조로 지속 가능하게 수익을 만들며, 누구와 함께 성장하고 있는가'에 대한 설명으로 구성되어야 한다.

▶ [표33] 경제적 가치 서술 템플릿

순번	항목	작성 방안
1	수익 창출 구조	• 주요 고객(또는 비용부담자)은 누구이며, 어떤 방식(B2C, B2B, B2G 등)으로 수익이 발생하는지를 설명 • 제품/서비스가 고객에게 전달되는 유통경로 및 수익 발생 경로를 함께 명시

2	단가 및 수익성	• 제품 또는 서비스의 평균 단가, 매출 구조, 고객당 평균 구매 금액 등을 수치로 제시 • 마진율, 고정비와 변동비 구조를 함께 간단히 설명하며, 수익성과 연결
3	구조적 효율성	• 기존 제도 또는 시장 방식에 비해 더 낮은 비용으로 동등 이상의 효과를 낼 수 있는 구조임을 설명 • ROI, 비용 대비 편익(Benefit-Cost Ratio) 등 지표를 예시로 제시하면 효과적
4	사회적 변화/성과	• 2년간 총 120명의 이주여성 통역사 배출 • 68%가 월 80만 원 이상의 수익 지속 창출 • 참여자 90%가 "사회 기여 의식이 생겼다."는 만족도 응답 • 일부 참여자는 자격 취득 후 프리랜서 활동으로 확장
5	파급 효과 및 확장성	• 다언어 인력 수요가 높은 공공기관 및 민간 서비스에 전국 확장 가능 • 베트남어, 우즈벡어, 몽골어, 중국어 등 다양한 언어권 확대 준비 • 향후 AI 번역 툴과 연계한 하이브리드 통역 시스템 구축 예정 • 지역 기반으로 커뮤니티 매니저와 연계하여 현지 밀착형 서비스 확장 가능

다시 결혼 이주 여성에게 통역 교육을 통해 통역 전문 일자리를 제공하는 주식회사 J의 사례를 예로 들어보자.

▶ [표34] 주식회사 J의 경제적 가치 서술 템플릿 활용 예시

순번	항목	작성 방안
1	수익 창출 구조	• 통역이 필요한 공공기관, 병원, 지자체 등을 대상으로 유료 통역 서비스 제공 • 고객 기관이 시간 단위로 통역료 지불(B2B + B2G 혼합 모델) • 서비스 매칭, 관리, 운영은 플랫폼을 통해 자동화됨
2	단가 및 수익성	• 통역 서비스 단가: 시간당 45,000원 • 1건당 평균 마진: 약 15,750원(인건비 제외) • 월평균 200건 이상 운영 → 안정적인 운영 수익 확보
3	구조적 효율성	• 고정비 최소화: 유연한 인력풀 및 온라인 매칭 시스템 활용 • 기존 통역 시장 대비 다언어 가능, 비용 경쟁력 확보 • 이주 여성의 특화 언어 활용 → 틈새시장 공략
4	사회적 변화/성과	• 통역가 수: 총 36명, 정기 활동 인원 약 22명 • 평균 월수입: 60~80만 원 • 일부 인력은 프리랜서 활동으로 확장 → 경력 전환 사례 존재
5	파급 효과 및 확장성	• 전체 매출 중 자체 수익 비중: 73% • 외부 후원금 비중 점차 축소 중 • 플랫폼 강화 및 기업 서비스 확장 통해 자립 기반 강화 중
6	성장성 및 확장성	• 연평균 매출 성장률: 약 28% • 서비스 요청 증가율: 월평균 20% 이상 • 수도권 외 지역 확장 및 기업 대상 교육 콘텐츠 개발 중
7	지역사회 기여	• 이주여성 인력 고용을 통한 지역 여성 경제활동 촉진 • NGO, 여성인력개발센터 등 지역 네트워크와 협업 • 지역 내 다문화 감수성 향상 및 사회통합 기여

주식회사 J의 템플릿을 통해 확인된 경제적 가치를 문장으로 전환하면 다음과 같이 서술할 수 있다.

주식회사 J는 공공기관, 병원, 법률기관 등을 대상으로 한 전문 통역 서비스 제공을 통해 수익을 창출한다. 고객 기관은 통역료를 시간 단위로 지불하며, 통역 서비스는 요청 수요에 따라 일대일 혹은 온라인 중개 형태로 이루어진다. B2B 및 B2G 수익 모델이 결합된 구조이다 수익 창출 구조.

현재 평균 통역 단가는 1시간당 4만 5,000원이며, 이 중 약 65%는 통역가에게 지급되고 나머지는 운영비로 활용된다. 월평균 200건의 통역이 이루어지고 있으며, 1건당 평균 수익은 약 15,750원이다. 고정비는 낮고, 수요 기반의 인력 운영이 가능하여 수익성이 유연하게 유지된다 단가 및 수익성.

기존 통역 중개 시장은 대형 기업 중심으로 운영되며, 언어 다양성이 부족하고 단가가 비싸다는 문제가 있다. 말모이 커넥트는 10개 이상의 언어를 다루는 이주 여성 인력을 활용함으로써 다문화 특화 수요를 효율적으로 충족하고 있다. 자체 온라인 매칭 시스템을 통해 중개 비용도 최소화하였다 구조적 효율성.

현재 총 36명의 이주여성 통역가가 활동 중이며, 이 중 22명은 정기적인 주 2회 이상 배정을 통해 월 60~80만 원의 추가 소득을 창출하고 있다. 일부 인원은 해당 경험을 바탕으로 외부 프리랜서 활동이나 언어 교육 관련 업계로 이직한 사례도 있다 일자리 및 소득 창출.

2023년 기준, 전체 매출 중 자체 수익 비중은 73%이며, 외부 재단의 보조금은 27% 수준으로 점차 감소하고 있다. 향후 자체 플랫폼 고도화와 민간 기업 대상 통역 서비스 확장을 통해 외부 의존도를 낮추고 완전 자립을 목표로 하고 있다 사업 자립 가능성.

서비스 런칭 이후 연평균 매출 성장률은 28%이며, 통역 요청 수는 월평균 20% 이상 증가하고 있다. 향후 서울 이외의 수도권, 광역시 병원과 지자체로의 진출을 계획하고 있으며, 다국적 기업 대상 통역 교육 패키지 상품도 개발 중이다 성장성 및 확장성.

전체 통역 인력 중 90% 이상은 거주 지역 내 이주여성으로 구성되어 있으며, 이들과 지역 NGO 및 여성인력개발센터와의 협력도 활발하다. 이를 통해 지역 내 여성 경제 활동률을 제고하고, 다문화 감수성 교육과도 연계하는 지역 순환 경제를 실현하고 있다 지역사회 경제 기여.

*We Were
All Born
Entrepreneur*

VI

소셜 비즈니스 모델과 제도적 지원의 이해

모든 소셜 비즈니스 모델이 반드시 사회적 기업이나 소셜 벤처로 분류되는 것은 아니다. 하지만 대부분의 사회적기업과 소셜 벤처는 공통적으로 소셜 비즈니스 모델을 기반으로 하고 있다. 특히 우리나라에서는 사회적기업으로 인증(예비사회적기업일 경우 '지정')되거나, 소셜 벤처로 판별된 기업에 대해 다양한 정부 지원이 마련되어 있어, 이들 제도에 대해 이해하고 활용할 필요가 있다.

한편, (예비)사회적기업과 소셜 벤처는 '택일'의 개념이 아니다. 즉, 하나의 기업이 (예비)사회적기업이면서 동시에 소셜 벤처로도 인정받을 수 있으며, 실제로 많은 조직이 두 가지 지위를 함께 유지하고 있다. 이는 두 제도가 사회 문제 해결이라는 공통된 지향점을 갖고 있으면서도, 평가 기준과 제도적 목적에 있어 차이가 있기 때문이다.

예비사회적기업 및 사회적기업은 「사회적기업 육성법」에 따라 공익적 목적과 취약계층의 일자리 창출, 사회서비스 제공 등을 중점적으로 평가하여 인증된다. 이 제도는 주로 지역사회 통합, 복지 사각지대 해소 등 공공성과 사회적 가치 실현에 무게를 두고 있으며, 고용노동부 산하 한국사회적기업진흥원이 운영 주체이다.

반면, 소셜 벤처는 기술보증기금 등에서 진행하는 판별 제도를 통해 사회적 미션과 수익성, 사업모델의 혁신성과 확장성 등을 중심으로 평가된다. 이는 민간 시장에서의 경쟁력과 자립 기반을 얼마나 갖추고 있는지를 중시하는 제도로, 창업과 투자 기반과 보다 밀접하게 연결되어 있다.

이처럼 두 제도는 상호 보완적이다. 각각의 제도는 고유한 장점과 지원 정책을 시행하고 있으며, 기업은 자신이 속한 업종, 성장 단계, 목표에 따라 전략적으로 접근할 수 있다. 예비사회적기업으로 시작해 소셜 벤처로 확장하거나, 반대로 소셜 벤처로 먼저 시작한 뒤 사회적기업 인증을 받는 흐름도 충분히 가능하다. 이 과정에서 다양한 기관과의 협업과 파트너십을 통해 더욱 유연한 성장 전략을 마련할 수 있다.

결국 중요한 것은 인증 여부가 아니라, 사회 문제를 해결하고자 하는 진정성과 그 가치를 지속 가능하게 실현할 수 있는 구조를 갖추는 일이다. 제도는 그 여정을 돕는 수단일 뿐, 본질은 항상 '우리는 왜 이 사업을 하는가?'라는 질문에 있다.

We Were All Born Entrepreneur

(예비)사회적기업 준비하기

전 세계적으로 사회적기업이 등장하게 된 공통적인 배경은 "국가의 역할이 소극적이거나 국가가 제대로 기능하지 못함(Kerlin, 2010: pp. 315)"에 있는데, 우리나라도 국가의 역할이 소극적이거나 국가가 제대로 기능하지 못할 때가 있었으니 바로 1997년 외환위기 시기이다. 강욱모 외(2013)는 외환위기 이후 한국에서 사회적기업이 등장하게 된 배경을 다음의 세 가지 관점으로 설명하고 있다.

"첫째는 실업문제이다. 1997년의 외환위기 이후 우리 경제는 과

거의 고성장 추세가 둔화하고 산업구조의 변화로 고용 창출 능력이 저하되면서 일자리 창출이 시급한 과제로 대두되었다.

둘째는 여성의 사회참여 증가와 사회 고령화 문제이다. 급속한 고령화, 가족구조의 변화, 여성의 경제활동 참여 증가 등으로 간병, 보육, 복지 등으로 사회서비스에 대한 국민의 수요가 급속히 증가하였지만 이에 대한 공급은 충분히 이루어지지 못하였다. 특히 여성의 사회참여를 확대하기 위하여 과거와는 다른 새로운 사회적 서비스를 필요로 하게 되었고, 인구구조의 급속한 고령화로 노인 대상 사회적 서비스의 수요가 증가하는 등 전통적인 가정의 역할을 보완할 수 있는 사회적 서비스에 대한 요구가 높아진 점도 사회적기업이 등장하게 된 주요 배경으로 작용하였다.

마지막으로, 사회적 취약계층 문제를 들 수 있다. 형평과 균형을 주요한 정책 기조로 삼은 김대중 정부와 노무현 정부에서 10년 동안 이루어진 사회적 취약계층을 위한 정책도 사회적기업의 중요한 등장 배경으로 작용하였다(강욱모 외, 2013: pp. 39-40)."

이에 우리나라의 사회적기업은 유럽과 미국의 모델과는 다른 형태로 발전하는데, 이는 이 시대적 상황에 발생한 사회 문제를 해결하기 위하여 정부가 주도적으로 나섰기 때문이다.

정부가 외환위기 이후 발생한 문제에 대한 최초의 대응은 사회안전망이 취약한 계층을 보호하기 위한 긴급 처방으로 「고용정책기본법」 제28조에 근거하여 저소득 실업자 생계 보조 및 한시적 일자리 제공을 위한 1998년 '공공근로사업'을 전개한 것이다. 그러나 공공근로사업이 연속적이고 안정적인 일자리를 제공하지 못함에 따라 보건복지가족부에서는 2000년에 시행된 '국민기초생활보장법 제16조'에 따라 취약계층에 대한 '자활 근로' 사업을, 노동부에서는 '고용정책기본법 제18조의 3'에 따라 2003년부터 고용 창출과 사회서비스 제공의 확대를 '사회적 일자리' 사업을 시작하게 되었다. 하지만 자활 근로 및 사회적 일자리 사업도 결국 정부의 재정지원에만 의존하고 있을 뿐만 아니라 단기적이거나 임시적인 저임금의 일자리가 대부분이고, 서비스의 질 또한 낮다는 한계가 드러남에 따라 지속 가능한 양질의 일자리 창출과 사회서비스 공급 확대를 위한 대안의 필요성에 대하여 공감대가 형성되기 시작하였다.

이에 "사회적 일자리 사업이 수익을 창출하고 자립을 도모할 수 있는 모델이 기업연계형 모델임을 확인하고, 비영리법인·단체 등 제3섹터를 활용한 안정적 일자리 창출 및 양질의 사회서비스 제공 모델로서 사회적기업 도입 논의가 구체화(노동부, 2008: pp. 1)"되었고, 2007년 사회적기업 육성 및 지원에 관한 정책적 근거 마련을 위해 「사회적기업 육성법」을 제정하게 된다.

「사회적기업 육성법」은 사회적기업을 "취약계층에게 사회서비스 또는 일자리를 제공하거나 지역사회에 공헌함으로써 지역주민의 삶을 높이는 등의 사회적 목적을 추구하면서 재화 및 서비스의 생산·판매 등 영업활동을 하는 기업(「사회적기업 육성법」 제2조 제1항)"으로 정의하고 있으며, [그림2]와 같은 역할을 할 것을 기대하고 있다.

▶ **[그림2] 사회적기업의 의의**

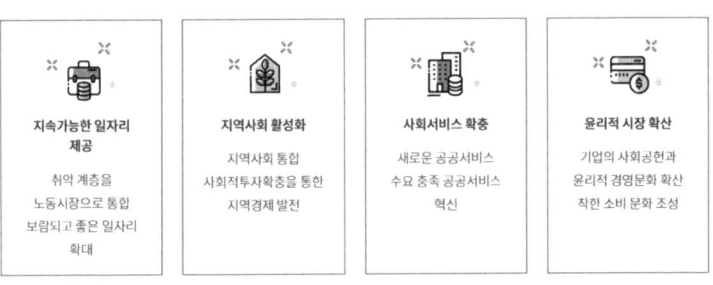

자료 출처: 한국사회적기업진흥원 홈페이지(https://www.socialenterprise.or.kr/)

이러한 정부 주도형 발전은 우리나라 사회적기업만의 독특한 특징을 낳게 되는데, 바로 '사회적기업 인증제도'이다. 사회적기업 인증제도란, "신청기업이 「사회적기업 육성법」 등에 따라 사회적기업으로 갖추어야 할 인증요건과 기준에 부합하는지를 검토·심사하여, 이에 적합하다고 판단되는 경우에 사회적기업으로 인증하는 제반 절차(고용노동부, 2025: pp. 18)"로, "부적절한 사회적기업의 출현 방지를 통해 국민과 사회로부터 사회적기업에 대한 신뢰 확보, 신청기업이 경영과 관련한 일정 요건을 갖추게 함으로써 지속 가능한 사회적기업으로 육성, 인증받은 사회적기업에 대해서는 재정·세제·경영·판로 등을 지원하여 초기 성장 기반 조성(고용노동부, 2025: pp. 18)"을 목적으로 하고 있다. 사회적기업으로 인증되고자 하는 기업은 「사회적기업 육성법」 제8조에 따라 일곱 가지 인증요건을 모두 충족해야 한다.

▶ [표35] 인증 요건 개요

구분	인증요건	근거
1. 조직형태	민법에 따른 법인·조합, 상법에 따른 회사, 특별법에 따라 설립된 법인 또는 비영리민간단체 등 대통령령으로 정하는 조직형태를 갖출 것	「사회적기업 육성법」 제8조 제1항 제1호, 동법 시행령 제8조
2. 유급근로자 고용	유급근로자를 고용하여 재화와 서비스의 생산·판매 등 영업활동을 할 것	「사회적기업 육성법」 제8조 제1항 제2호
3. 사회적 목적의 실현	취약계층에게 사회서비스 또는 일자리를 제공하거나 지역사회에 공헌함으로써 지역주민의 삶의 질을 높이는 등 사회적 목적의 실현을 조직의 주된 목적으로 할 것	「사회적기업 육성법」 제8조 제1항 제3호, 동법 시행령 제9조

4. 이해관계자가 참여하는 의사결정구조	서비스 수혜대상, 근로자 등 이해관계자가 참여하는 의사결정 구조를 갖출 것	「사회적기업 육성법」 제8조 제1항 제4호
5. 영업활동을 통한 수입	영업활동을 통하여 얻는 수입이 노무비의 50% 이상일 것	「사회적기업 육성법」 제8조 제1항 제5호, 동법 시행령 제10조
6. 정관의 필수사항	「사회적기업 육성법」 제9조에 따른 사항을 적은 정관이나 규약 등을 갖출 것	「사회적기업 육성법」 제8조 제1항 제6호, 제9조 제1항
7. 이윤의 사회적 목적 사용	회계연도별로 배분 가능한 이윤이 발생한 경우에는 이윤의 3분의 2 이상을 사회적 목적을 위하여 사용할 것 (상법상 회사·합자조합일 경우)	「사회적기업 육성법」 제8조 제1항 제7호

자료 출처: 고용노동부, 2025: pp. 34

한편 사회적기업 이외에도 광역자치단체의 조례·규칙, 중앙부처의 지침에 근거, 법인설립 초기 등의 사유로 사회적 목적 실현, 영업활동을 통한 수익 등 사회적기업 인증을 위한 최소한의 법적 요건을 갖추고 있으나 수익구조 등 일부 요건을 충족하지 못하고 있는 기업을 대상으로 자치단체장 혹은 중앙행정기관의 장이 지정하여 장차 요건을 보완함으로써 향후 사회적기업 인증이 가능하게 하는 '예비사회적기업 지정 제도'를 운용하고 있으며, 이들의 지속 가능성 확보를 위해 직·간접적인 지원을 함으로써 사회적 생태계 확장에 노력하고 있다.

▶ [표36] 사회적기업과 예비사회적기업의 구분

구분	사회적기업	예비사회적기업
주관	고용노동부 장관 인증	광역자치단체장, 중앙부처장 지정
요건	① 조직형태	① 조직형태
	② 유급근로자를 고용하여 영업활동을 수행할 것	② -
	③ 사회적 목적 실현 (계량화된 실적 : 신청 직전 6개월 간 실적을 기준으로 하되 영업활동 기간 6개월 미만인 경우 해당 기간 실적)	③ 사회적 목적 실현 (정관 및 사업계획 : 단, 일자리제공형의 경우 전원 말 기준 1명 이상 고용)
	④ 이해관계자가 참여하는 의사결정구조 ⑤ 영업활동을 통한 수입이 노무비의 50% 이상 ⑥ 정관 및 규약 구비	④ - ⑤ 재화나 서비스의 생산·판매 등 영업활동 수행 ⑥ 정관 및 규약 구비
	⑦ 이윤의 2/3 이상 사회적 목적 재투자	⑦ 이윤의 2/3 이상 사회적 목적 재투자
신청	상시접수(한국사회적기업진흥원)	위의 주관별 연중 1-2차 일정 공고

일반적으로 사회적기업 인증 또는 예비사회적기업 지정의 경우 한국사회적기업진흥원에서 지정한 광역별 중간지원기관과의 컨설팅을 통해 준비하는 것이 가장 정확하다. 이는 2010년 「사회적기업 육성법」 제8조(사회적기업의 인증 요건 및 인증 절차) 제3항이 "사회적기업의 인증 방법 및 인증 절차에 고용노동부령으로 정한다"에서 "사회적기업의 인증의 방법 및 절차에 관하여 필요한 사항은 고용노동부령으로 정하고, 사회적기업 인증 심사기준은 고용노동부 장관이 고시한다"로 개정되면서, 사회적기업 인증 심사기준에 대한 세부 사항을 담은 『사회적기업 인증 업무지침』을 활용하고 있기 때문이다. 『사회적기업 인증 업무지침』은 일곱 가지 요건에 대한 세부적인 심사기준을 제시할 뿐만 아니라 매년 간담회 개최를 통해 사회적 요구 및 변화를 반영하여 개정하고 있기에 광역별 중간지원기관에서 가장 최신의 정보를 획득하고 도움을 받는 것이 중요하다.

따라서 필자는 「사회적기업 육성법」에 기초하여 사회적기업을 준비하기 위해서는 무엇을 어떻게 준비해야 하는지 안내해 보고자 한다.

1) 조직 형태

> **「사회적기업 육성법」 제8조 및 동법 시행령 제8조**
>
> 「사회적기업 육성법」 제8조(사회적기업의 인증 요건 및 인증 절차) ① 사회적기업으로 인증받으려는 자는 다음 각 호의 요건을 모두 갖추어야 한다.
>
> 1. 「민법」에 따른 법인·조합, 「상법」에 따른 회사·합자조합, 특별법에 따라 설립된 법인 또는 비영리민간단체 등 대통령령으로 정하는 조직 형태를 갖출 것
>
> 「사회적기업 육성법」 시행령 제8조(사회적기업의 조직 형태) 법 제8조제1항제1호에서 "특별법에 따라 설립된 법인 또는 비영리민간단체 등 대통령령으로 정하는 조직 형태"란 다음 각 호의 어느 하나에 해당하는 조직 형태를 말한다.
> 1. 「공익법인의 설립·운영에 관한 법률」 제2조에 따른 공익법인
> 2. 「비영리민간단체지원법」 제2조에 따른 비영리민간단체
> 3. 「사회복지사업법」 제2조제3호에 따른 사회복지법인
> 4. 「소비자생활협동조합법」 제2조에 따른 소비자생활협동조합
> 5. 「협동조합기본법」 제2조제1호에 따른 협동조합, 같은 조 제2호에 따른 협동조합연합회, 같은 조 제3호에 따른 사회적협동조합 및 같은 조 제4호에 따른 사회적협동조합연합회
> 6. 그 밖에 다른 법률에 따른 법인 또는 비영리단체

사회적기업으로 인증받고자 한다면 사단법인, 재단법인(이상 「민법」에 따른 법인·조합) / 주식회사, 유한회사, 합자회사, 합명회사, 유한책임회사, 합자조합(이상 「상법」에 따른 회사·합자조합) / 공익법인(이상 「공익법인의 설립·운영에 관한 법률」 제2조에 따른 공익법인) / 비영리민간단체(이상 「비영리민간단체지원법」 제2조에 따른 비영리민간단체) / 사회복지법인(이상 「사회복지사업법」 제2조 제3호에 따른 사회복지법인) / 소비자생활협동조합(이상 「소비자생활협동조합법」 제2조에 따른 소비자생활협동조합) / 협동조합, 협동조합연합회, 사회적협동조합, 사회적협동조합연합회(이상 「협동조합기본법」 제2조 제1호에 따른 협동조합, 같은 조 제2호에 따른 협동조합연합회, 같은 조 제3호에 따른 사회적협동조합 및 같은 조 제4호에 따른 사회적협동조합연합회) / 영농(영어)조합법인, 농업(어업)회사법인, 비영리단체(이상 그 밖에 다른 법률에 따른 법인 또는 비영리단체) 등 법인의 성격을 띠어야 하며, 개인사업자는 불가하다.

2) 유급근로자 고용

> **「사회적기업 육성법」 제8조**
>
> 「사회적기업 육성법」 제8조(사회적기업의 인증 요건 및 인증 절차)
> ① 사회적기업으로 인증받으려는 자는 다음 각 호의 요건을 모두 갖추어야 한다.
>
> 2. 유급근로자를 고용하여 재화와 서비스의 생산·판매 등 영업활동을 할 것

사회적기업으로 인증받고자 한다면, 유급근로자를 고용하여 영업활동을 수행해야 한다. 여기서 유급근로자란, 고용형태에 상관없이 고용보험에 가입된 자를 일컫는데 고용형태와 상관없다는 말은 상시근로자 외 기간제근로자, 단시간근로자 등 사업을 위해 고용된 자는 모두 유급근로자로 인정한다는 말이다. 다만, 대표자의 배우자, 대표자와 배우자의 직계존비속 임원은 고용보험 수 산정에서 제외한다. 예외적으로 등기임원이라고 하더라도 근로자 대표는 유급근로자 수에서 포함하는 데 해당 부분에 관하여는 이하 "이해관계자가 참여하는 의사결정구조에서 자세하게 다루도록 하겠다.

한편, 신청기업은 유급근로자를 고용하는 데 근로기준법, 최저임금법, 직업안정법 등 고용노동관계법령 및 신청기업의 사업과 관련한 현행법을 준수해야 한다.

3) 사회적 목적 실현

「사회적기업 육성법」 제8조 및 동법 시행령 제9조

「사회적기업 육성법」 제8조(사회적기업의 인증 요건 및 인증 절차) ① 사회적기업으로 인증받으려는 자는 다음 각 호의 요건을 모두 갖추어야 한다.

3. 취약계층에게 사회서비스 또는 일자리를 제공하거나 지역사회에 공헌함으로써 지역주민의 삶의 질을 높이는 등 사회적 목적의 실현을 조직의 주된 목적으로 할 것. 이 경우 그 구체적인 판단기준은 대통령령으로 정한다

「사회적기업 육성법」 시행령 제9조(사회적 목적 실현의 판단기준) ① 법 제8조제1항제3호 후단에 따라 조직의 주된 목적이 사회적 목적을 실현하는 것인지에 대한 판단기준은 다음 각 호의 구분과 같다.
1. 조직의 주된 목적이 취약계층에게 사회서비스를 제공하는 것인 경우: 해당 조직으로부터 사회서비스를 제공받는 사람 중 취약계층의 비율이 100분의 30 이상일 것

3. 조직의 주된 목적이 다음 각 목의 구분에 따라 지역사회에 공헌하는 것인 경우

가. 지역(고용노동부장관이 정책심의회의 심의를 거쳐 사회적기업에 의한 지역사회 공헌이 필요하다고 인정하는 지역을 말한다. 이하 이 호에서 같다)의 인적·물적 자원을 활용하여 지역주민의 소득과 일자리를 늘리는 것인 경우: 해당 조직의 전체 근로자 중 해당 조직이 있는 지역에 거주하는 취약계층(이하 "지역취약계층"이라 한다)의 고용비율이나 해당 조직으로부터 사회서비스를 제공받는 사람 중 지역취약계층의 비율이 100분의 20 이상일 것

나. 지역의 빈곤, 소외, 범죄 등 사회문제를 해결하는 것인 경우: 해당 조직의 주된 목적에 해당하는 부분의 수입 또는 지출이 조직의 전체 수입 또는 지출의 100분의 40 이상일 것

다. 지역사회에 사회서비스 또는 일자리를 제공하거나 지역주민의 삶의 질을 높이는 등 사회적 목적을 우선적으로 추구하는 조직에 대하여 컨설팅·마케팅·자금 등을 지원하는 것인 경우: 해당 조직의 주된 목적에 해당하는 부분의 수입 또는 지출이 조직의 전체 수입 또는 지출의 100분의 40 이상일 것

4. 조직의 주된 목적이 취약계층에게 사회서비스와 일자리를 제공하는 것인 경우: 해당 조직의 전체 근로자 중 취약계층의 고용비율과 해당 조직으로부터 사회서비스를 제공받는 사람 중 취약계층의 비율이 각각 100분의 20 이상일 것

② 제1항에도 불구하고 사회적 목적의 실현 여부를 제1항 각 호의 요건에 따라 판단하기 곤란한 경우에는 정책심의회의 심의를 거쳐 고용노동부장관이 사회적 목적의 실현 여부를 판단한다.

사회적기업으로 인증받고자 한다면, 조직의 주된 목적이 취약계층에게 사회서비스 또는 일자리를 제공하거나 지역사회에 공헌함으로써 지역주민의 삶의 질을 높이는 등의 사회적 목적을 실현하는 데 있어야 하고 다섯 가지 사회적 목적 실현 유형 중 하나의 기준을 충족해야 한다.

다만, 명심해야 할 것은 요건은 심사에 지원하기 위한 최소한의 정량적 기준일 뿐이지, 실제로 평가가 이루어지는 내용은 대표자가 발견한 사회 문제를 어떻게 해결하고 있는지가 주요 평가 요소라는 것이다. 예를 들어 장애인의 일자리 부재 문제를 해결하고자 하는 대표자가 존재한다고 하자. 해당 기업의 전체 근로자가 6명인데 이중 고령자가 3명이고 경력단절여성이 1명 존재한다면, 전체 근로자 대비 취약계층의 고용 비율이 66.6%로 일자리제공형의 요건인 "해당 조직의 전체 근로자 중 취약계층의 고용비율이 100분의 30 이상일 것"은 충족하였다고 할 수 있다. 그러나 우리 기업의 목표인 장애인의 일자리 부재 문제를 해결한다고 말하기는 힘들 것이다.

한편, 사회적 목적 실현 요건을 보면 취약계층이라는 단어가 반복적으로 나오는 것을 볼 수 있는데, 이 또한 일정한 기준에 의해 취약계층으로 인정해 주니, 다음의 취약계층 기준을 미리 확인하여 관련 증빙서류를 준비할 필요가 있다.

「사회적기업 육성법」 시행령 제2조

「사회적기업 육성법」 시행령 제2조(취약계층의 구체적 기준) 「「사회적기업 육성법」」(이하 "법"이라 한다) 제2조제2호에 따른 취약계층(이하 "취약계층"이라 한다)은 다음 각 호의 어느 하나에 해당하는 사람으로 한다.

1. 가구 월평균 소득이 전국 가구 월평균 소득의 100분의 60 이하인 사람
2. 「고용상 연령차별금지 및 고령자고용촉진에 관한 법률」 제2조제1호에 따른 고령자
3. 「장애인고용촉진 및 직업재활법」 제2조제1호에 따른 장애인
4. 「성매매알선 등 행위의 처벌에 관한 법률」 제2조제1항제4호에 따른 성매매피해자
5. 「청년고용촉진 특별법」 제2조제1호에 따른 청년 중 또는 「여성의 경제활동 촉진과 경력단절 예방법」에 따른 경력단절여성등 중 「고용보험법 시행령」 제26조제1항 및 별표 1에 따른 신규고용촉진 장려금의 지급대상이 되는 사람
6. 「북한이탈주민의 보호 및 정착지원에 관한 법률」 제2조제1호에 따른 북한이탈주민
7. 「가정폭력방지 및 피해자보호 등에 관한 법률」 제2조제3호에 따른 피해자
8. 「한부모가족 지원법」 제5조 및 제5조의2에 따른 보호대상자
9. 「재한외국인 처우 기본법」 제2조제3호에 따른 결혼이민자
10. 「보호관찰 등에 관한 법률」 제3조제3항에 따른 갱생보호 대상자
11. 다음 각 목의 어느 하나에 해당하는 사람

가. 「범죄피해자 보호법」 제16조에 따른 구조피해자가 장해를 입은 경우 그 구조피해자 및 그 구조피해자와 생계를 같이 하는 배우자, 직계혈족 및 형제자매. 「범죄피해자 보호법」 제16조에 따른 구조피해자가 사망한 경우 그 구조피해자와 생계를 같이 하던 배우자, 직계혈족 및 형제자매

12. 그 밖에 1년 이상 장기실업자 등 고용노동부장관이 취업 상황 등을 고려하여 「고용정책 기본법」 제10조에 따른 고용정책심의회(이하 "정책심의회"라 한다)의 심의를 거쳐 취약계층으로 인정한 사람

4) 이해관계자가 참여하는 의사결정 구조

「사회적기업 육성법」 제8조

「사회적기업 육성법」 제8조(사회적기업의 인증 요건 및 인증 절차)
① 사회적기업으로 인증받으려는 자는 다음 각 호의 요건을 모두 갖추어야 한다.

4. 서비스 수혜대상, 근로자 등 이해관계자가 참여하는 의사결정 구조를 갖출 것

사회적기업으로 인증받고자 한다면 서비스 수혜 대상, 후원자, 외부 사업관련전문가, 연계기업·연계기관 인사, 지역사회 인

사 등 외부 이해관계자와 실제 근로자들의 입장을 대변할 수 있는 근로자 대표가 의사결정 구조에 참여하여야 한다. 일반적으로 의사결정 구조는 이사회를 뜻하나 특정 비영리법인 또는 조합 등 조직의 특성상 이사회를 다양한 이해관계자가 참여하는 의사결정 구조로 구축하는 것이 불가능하다고 인정되는 경우에는 사회적기업육성 전문위원회의 심의를 거쳐 운영위원회 등 실질적인 의사결정권이 있는 다른 유형의 의사결정기구가 인정되기도 한다.

5) 영업활동을 통한 수입

> 「사회적기업 육성법」 제8조 및 동법 시행령 제10조

「사회적기업 육성법」 제8조(사회적기업의 인증 요건 및 인증 절차) ① 사회적기업으로 인증받으려는 자는 다음 각 호의 요건을 모두 갖추어야 한다.

5. 영업활동을 통하여 얻는 수입이 대통령령으로 정하는 기준 이상일 것

「사회적기업 육성법」 시행령 제10조(영업활동을 통한 수입의 기준) 법 제8조제1항제5호에서 "영업활동을 통하여 얻는 수입이 대통령령으로 정하는 기준 이상"이란 법 제8조제3항에 따라 사회적기업의 인증을 신청한 날이 속하는 달의 직전 6개월(해당 조직의 영업활동 기

간이 6개월 미만인 경우에는 그 영업활동 기간을 말한다) 동안에 해당 조직의 영업활동을 통한 총수입이 같은 기간에 그 조직에서 지출되는 총 노무비(서비스나 생산에 투입되는 인력에 대한 비용을 말한다)의 100분의 50 이상인 경우를 말한다.

사회적기업으로 인증받고자 한다면 인증 신청 월 직전 6개월 동안의 영업수입이 인증 신청 월 직전 6개월 동안의 총노무비 대비 50% 이상이어야 한다. 여기서 영업활동을 통한 수입은 재화 및 서비스 공급을 통해 얻은 수익을 말하며, 보조금, 후원금, 회비, 기부금 및 단순 지원금 등은 영업외수입으로 산정되므로 포함시키지 않는다.

한편, 제조업과 유통업은 원재료비와 상품매출원가 등을 제외한다.

6) 정관의 필수 사항

> 「사회적기업 육성법」 제8조 및 동법 제9조

「사회적기업 육성법」 제8조(사회적기업의 인증 요건 및 인증 절차) ① 사회적기업으로 인증받으려는 자는 다음 각 호의 요건을 모두 갖추어야 한다.

6. 제9조에 따른 정관이나 규약 등을 갖출 것

「사회적기업 육성법」 제9조(정관등) ① 사회적기업으로 인증받으려는 자는 다음 각 호의 사항을 적은 정관이나 규약 등(이하 "정관등"이라 한다)을 갖추어야 한다.
1. 목적
2. 사업내용
3. 명칭
4. 주된 사무소의 소재지
5. 기관 및 지배구조의 형태와 운영 방식 및 중요 사항의 의사결정 방식
6. 수익배분 및 재투자에 관한 사항
7. 출자 및 융자에 관한 사항
8. 종사자의 구성 및 임면(任免)에 관한 사항
9. 해산 및 청산에 관한 사항(「상법」에 따른 회사·합자조합인 경우에는 배분 가능한 잔여재산이 있으면 잔여재산의 3분의 2 이상을 다른 사회적기업 또는 공익적 기금 등에 기부하도록 하는 내용이 포함되어야 한다)

10. 그 밖에 대통령령으로 정하는 사항

② 제1항에 따른 정관등이 변경된 경우에는 변경일부터 14일 이내에 그 내용을 고용노동부장관에게 보고하여야 한다.

사회적기업으로 인증받고자 한다면 「사회적기업 육성법」 제9조의 사항을 적은 정관이나 규약 등을 갖추어야 한다. 다만, 사회적협동조합은 이와 유사한 조항을 명시하는 조건으로 인가되므로 본 여건을 충족하는 것으로 인정한다.

7) 이윤의 사회적 목적 사용

「사회적기업 육성법」 제8조

「사회적기업 육성법」 제8조(사회적기업의 인증 요건 및 인증 절차)
① 사회적기업으로 인증받으려는 자는 다음 각 호의 요건을 모두 갖추어야 한다.

7. 회계연도별로 배분 가능한 이윤이 발생한 경우에는 이윤의 3분의 2 이상을 사회적 목적을 위하여 사용할 것(「상법」에 따른 회사·합자조합인 경우만 해당한다)

회계연도별 발생한 이윤을 배분 가능한 상법상 회사·합자조합 등이 사회적기업으로 인증받고자 한다면 이윤의 3분의 2 이상을 사회적 목적을 위해 사용하여야 하며, 해산 및 청산 시에도 배분 가능한 잔여재산이 존재한다면 3분의 2 이상을 다른 사회적기업 또는 공익적 기금 등에 기부해야 한다. 또한 해당 내용은 「사회적기업 육성법」 제8조 제1항 제7호 및 사회적기업육성법 제9조 제1항 제9호에 따라 정관에 명시되어야 한다.

We Were All Born Entrepreneur

소셜 벤처기업 준비하기

　소셜 벤처기업 판별기준을 살펴보기에 앞서, 먼저 우리나라에서 '소셜 벤처'라는 개념이 어떻게 정의되고 있는지 이해할 필요가 있다. 현재 국내에서는 이 용어가 두 가지 의미로 혼용되어 사용되고 있기 때문이다.

　앞서 "1. (예비)사회적기업 준비하기"에서 살펴보았듯이, 사회적기업은 태생적으로 취약계층 보호와 지원에 중점을 두고 발전해 왔다. 이러한 방향은 취약계층에게 일자리나 사회서비스를 제공하는 데 큰 기여를 했지만, 동시에 그 외의 사회 문제를 해결하고자 하는 소셜 비즈니스들이 사회적기업으로 진입하는 데 있어

하나의 진입장벽으로 작용하기도 했다.

이에 따라, 사회적 목적을 추구하면서도 정부의 인증제도에는 진입하지 않은 새로운 형태의 기업들이 등장하게 되었고, 한국사회적기업진흥원은 이들을 '소셜 벤처'라고 명명하였다. 진흥원은 소셜 벤처를 "사회적기업의 목적과 운영 원리는 유사하지만, 정부 인증을 필요로 하는 사회적기업에 비해 소셜 벤처는 제도에 구애받지 않고 다양한 방식과 형태로 더욱 도전적이고 창의적으로 사업화할 수 있는 장점이 있다"고 설명하고 있다(출처: 한국사회적기업진흥원 홈페이지, https://www.socialenterprise.or.kr/). 이는 제도권 내의 사회적기업과 제도권 밖의 소셜 벤처를 구분 짓는 정의라 할 수 있다.

한편, 2019년 중소벤처기업부는 기술보증기금과 함께 『소셜 벤처 판별기준 및 가치평가모형 안내서』를 발간하며, 공식적인 판별 기준을 바탕으로 소셜 벤처를 체계적으로 분류하기 시작하였다. 나아가 2021년에는 「벤처기업육성에 관한 특별조치법」을 개정하여, 소셜 벤처기업의 요건과 판별 절차, 그리고 지원 사항 등을 법률로 명시함으로써, 제도권의 판별을 받는 새로운 유형의 소셜 비즈니스가 제도화되었다.

이러한 흐름 속에서 '소셜 벤처'라는 용어는 이제 광의의 개념(사회적 목적을 가진 혁신 기업 전반)과 협의의 법적 정의(공식 판별을 받은 기업)가 함께 사용되는 용어로 자리 잡게 되었다.

이러한 이해를 바탕으로 필자는 「벤처기업육성에 관한 특별조치법」에 기초하여 소셜 벤처기업 판별을 받기 위해서는 무엇을 어떻게 준비해야 하는지 안내해 보고자 한다.

1) 소셜 벤처기업 자가 진단

「소셜벤처기업 지원제도 운영요령」 제11조

「소셜벤처기업 지원제도 운영요령」 제11조(소셜벤처기업 판별의 신청)① 신청기업은 소셜벤처스퀘어의 신청절차에 따라 자가진단을 먼저 실시하여야 한다.

② 신청기업은 [별표3] 소셜벤처기업 자가진단표의 사회성 진단표 및 혁신성장성 진단표 점수 합계가 각각 60점 이상인 때에만 소셜벤처스퀘어를 통해 소셜벤처기업으로 판별하여 줄 것을 신청할 수 있다.

소셜 벤처기업으로 판별받고자 한다면, 우선 자가 진단을 통해 사회성 진단표와 혁신성장성 진단표 점수 합계가 각각 60점 이상을 받아야 한다. 다만 각각은 임의의 점수를 배정할 수 있는 것이 아니라, 소셜벤처스퀘어 홈페이지(https://sv.kibo.or.kr/)에서 제공하는 「소셜벤처 판별 매뉴얼」에 따라 점수 배점 및 어떠한 증빙서류를 준비해야 하는지 확인할 수 있다.

① 사회성 진단표

<table>
<tr><th colspan="5">사회성 판별표</th></tr>
<tr><th colspan="2">판별 항목</th><th></th><th>점수</th><th>자가
진단</th><th>비고</th></tr>
<tr><td rowspan="2">사회적
경제기업
관련 인증</td><td>1</td><td>중앙정부, 지자체 등으로부터 인가 및 인증받은 사회적경제기업(사회적기업, 예비사회적기업, 사회적 협동조합, 마을기업, 자활기업) 또는 비콥(B-corp) 인증을 받은 기업</td><td>100점</td><td></td><td>예비사회적
기업의 경우
70점</td></tr>
<tr><td rowspan="3">사회적
가치 추구
정도</td><td>2</td><td>제공하는 제품이나 서비스로 사회적 문제를 해결하고, 이를 통해 사회적 가치를 창출 중인 기업(단, 기획단계부터 사회 문제 해결을 전제하고, 실제 제품·서비스를 사업화하고 있는 기업에 한함) * K-SDGs 세부목표와 연계</td><td>70점</td><td></td><td>판별근기
입력</td></tr>
<tr><td>3</td><td>회사가 추구하는 사회적 가치 또는 해결하려는 사회적 문제가 정관에 구체적으로 명시*되어 있고, 추진** 중인 기업</td><td>50점</td><td></td><td rowspan="2">정관 외
기타
증빙***은
50%만
인정</td></tr>
<tr><td>4</td><td>사회적 성과의 측정 및 보고체계가 정관에 명시되어 있고, 실행**하고 있는 기업</td><td>50점</td><td></td></tr>
</table>

---

*   예시: 미세먼지 저감 기술을 통한 대기환경 개선, 장애인 이동의 자유 추구 등
**   관련 증빙자료는 기업 스스로가 제출해야 함(단, 창업 후 1년 이내 기업은 증빙없이 점수 부여)
*** 정관 외 미션선언문, 사업계획서, CSR 보고서 등을 말함

	5	사회적 문제 해결을 위해 「기업 이윤의 배분」 및 「청산 시 처분제한」 원칙이 정관에 명시되어 있고, 실행**하고 있는 기업	30점		
	6	이해관계자(근로자 등)의 의사결정 참여체계가 정관에 명시**되어 있고, 실행하고 있는 기업	30점		
사회적 가치 실현능력	7	중앙정부, 지자체의 펀드를 취급하는 기관의 주목적 계정 중 소셜 임팩트 분야에서 투자를 받은 기업	100점		
	8	최근 5년 이내 중앙정부, 지자체, 공공기관, 민간(재단, 기업 등)이 시행하는 사회적 경제 또는 소셜벤처기업 관련 대회에서 수상한 기업(창업 후 3년 이내인 경우 대표자 수상 경력 포함)	30점		
	9	중앙정부, 지자체, 공공기관, 민간(재단, 기업 등)이 시행하는 사회적 경제 또는 소셜벤처기업 육성사업을 통해 창업한 기업 또는 해당 사업에 참여한 기업	20점		
	10	외부기관과의 MOU, 상생협약, 협력관계 등 사업의 주목적과 관련된 사회적 가치 실현을 위한 파트너십이 구축되어 실행하고 있는 기업	20점		
대표자의 사회적 가치 창출수준	11	대표자가 사회적 가치 창출 관련 조직(기업의 해당 부서)에서 2년 이상 근무한 경력 보유	10점		1년 이상 5점 부여
	12	대표자가 중앙정부, 지자체, 공공기관이 주관하는 사회적 가치 창출 관련 교육을 20시간 이상 이수 또는 소셜 벤처 및 사회적 가치 창출 관련 활동(대학 동아리, 대학창업, 공모전 등)을 수행	10점		
점 수 합 계				_____ 점	

② 혁신성장성 진단표

혁신성장성 판별표					
판별 항목			점수	자가 진단	비고
기술의 혁신성	1	법령상 인증·확인 보유 기업(벤처기업, 이노비즈기업, 메인비즈기업)	100점		
	2	기술력 또는 상품성에 대한 중앙정부의 인증*을 보유한 기업, 기술신용평가기관(TCB)으로부터 「T4」등급 또는 기술보증기금의 기술사업평가등급 「BBB」등급 이상의 평가를 받은 기업	70점		「T6」 또는 「B」등급 이상인 경우 50점
	3	중앙정부의 "혁신성장공동기준"**에 따른 품목에 해당하는 제품 또는 서비스를 생산하거나 관련된 기술을 보유하고 있는 기업	30점		
사업의 성장성	4	상시종업원 10인 이상 기업으로 최근 3년간 매출액 또는 고용인원의 연평균 증가율이 20% 이상인 수도권 기업(수도권 외 지방 기업은 10%) * 단, 상시종업원 5인 이상 기업으로 아래에 해당하는 경우 50점 1) 최근 3년간 매출액 또는 고용인원의 연평균 증가율이 10% 이상인 수도권 기업(수도권 외 지방 기업은 5%) 2) 창업 후 3년 미만 기업의 경우 최근 1년간 매출액 5억원 이상인 기업	100점		

---

* 산업통상자원부(舊 지식경제부) 선정 세계일류상품 생산기업, 「연구개발특구의육성에관한특별법」에 의거 과학기술정보통신부가 지정한 첨단기술기업, 기술적 난이도가 높은 인증(IR52 장영실상, NET, NEP)을 받은 기업
** "혁신성장공동기준"이란 정책금융기관 등이 공동으로 마련한 미래 혁신성장 분야의 제품 또는 서비스를 정의한 것임

	5	벤처투자기관, 중앙정부, 지자체, 공공기관으로부터 또는 민간(재단, 기업 등)의 사회적 경제 지원사업으로부터 50백만원 이상의 투자를 받은 기업	100점		50백만원 미만인 경우 50점
	6	법령에 의해 등록, 지정된 창업지원플랫폼* 또는 중앙정부, 지자체, 공공기관, 대학 등의 창업지원플랫폼으로부터 현재 입주 또는 (전문)보육 서비스를 제공받고 있는 기업	30점		
	7	중앙정부, 지자체, 공공기관 및 민간(재단, 기업 등)의 사회적 경제·벤처·창업지원사업 등에 선정되어 30백만원 상당 이상의 지원을 받은 기업	30점		
	8	등록된 지식재산권(특허권, 기술평가를 받거나 심사후등록한 실용신안권, SW프로그램저작권, 품종보호권)을 보유(실시권 포함)하고 있는 기업 * 단, 창업 1년 미만인 기업은 출원 중인 지식재산권도 인정	40점		1건 40점, 2건부터 건당 5점 추가 (50점 상한)
연구 개발 역량	9	매출액 대비 연구개발비**가 5% 이상인 기업(최근 2년 평균) * 단, 창업후 1년 미만인 기업은 신청일 직전월까지의 매출액 및 기술개발 금액***으로 확인	50점		3% 이상인 경우 30점
	10	중앙정부의 R&D기술개발사업에서 성공판정을 받은 기업이나, 한국산업기술진흥협회 인증 기업부설연구소 또는 연구개발전담부서 보유하거나 문화체육관광부 장관 인증(한국콘텐츠진흥원 관리) 기업부설창작연구소 또는 기업창작전담부서를 보유한 기업	30점		

---

*	창업기획사(액셀러레이터), 창업보육센터, 1인 창조기업 비즈니스센터 등
**	연구개발비 = 재무상태표상 개발비 증가액(당기개발비−전기개발비) + 손익계산서상 경상연구개발비 및 개발비 상각액 + 제조원가명세서상 경상연구개발비
***	기술개발 및 제품개발에 관련한 인력의 인건비 및 교육훈련비, 소모성 기자재비, 시약/재료비, 기술도입비, 기술정보비, 외부지원연구비, 기타 관련 소요경비 등을 포함한 금액

대표자 기술역량	11	최근 5년 이내 중앙정부, 지자체, 공공기관이 주관한 또는 글로벌 창업경진대회에서 수상한 기업 또는 수상자(팀)가 해당 분야에서 창업한 기업	30점		
	12	자연계 대학교수, 자연계 박사, 기술사 또는 대학 및 상장법인 부설연구소, 국공립 연구기관·특정 연구기관 육성법에 의한 연구기관에서 5년 이상 연구원으로 근무한 자가 창업한 기업	10점		
점 수 합 계					점

2) 소셜 벤처기업 판별 신청

「소셜벤처기업 지원제도 운영요령」 제11조

「소셜벤처기업 지원제도 운영요령」 제12조(소셜벤처기업 판별의 실시) ① 판별기관이 제11조에 의하여 소셜벤처기업 판별의 신청을 받으면 소셜벤처스퀘어를 통하여 판별을 실시한다.

② 영 제11조의4제1항에 따른 사회성과 혁신성장성 판별은 [별표2]의 판별기준에 따라 판별기관이 실시하며, 동 기준에 의한 '사회성 판별표'와 '혁신성장성 판별표' 점수 합계가 각각 70점 이상인 경우 소셜벤처기업으로 판별한다.

③ 판별기관은 소셜벤처기업 판별을 요청받은 날로부터 21일 이내에 사회성과 혁신성장성 판별 결과를 신청기업에 통지하여야 한다. 다만, 부득이한 사유로 그 기간 이내에 통지하기 곤란한 경우에는 7

일 이내의 범위에서 1회에 한하여 그 기간을 연장할 수 있으며, 그 기간을 연장할 때는 연장한 사유를 명기하여 신청기업에 통지하여야 한다.

④ 소셜벤처기업으로 판별되지 못한 신청기업이 7일 이내(영업일수 기준)에 이의 제기가 없으면 판별 결과를 확정하며, 이의 제기가 있는 경우에는 제9조의 민간자문위원회에 회부하여 재심사를 실시하고 그 결과를 [별지 제5호 서식]에 따라 신청기업에 통지한다. 이 경우 이의 제기 및 재심사 기간은 제3항의 기간에 산입하지 아니한다.

자가 진단이 완료된다면, 관련 소셜 벤처기업 판별 신청서와 함께 다음의 서류를 준비하여 소셜 벤처스퀘어를 통하여 판별을 신청하여야 한다. 소셜 벤처기업 판별 신청서를 포함하여 아래 서류들을 준비해야 한다.

- 사업자등록증 사본(또는 사업자등록증명) 1부
- 법인등기사항전부증명서 1부(법인기업에 한함)
- 사업요약서 1부(별지 제3호 서식 참조)
- 소셜 벤처기업 자가진단표 1부
- 소셜 벤처기업 증빙서류 각 1부.

무하마드 유누스 교수가 '소셜 비즈니스'라는 개념을 세상에 처음 소개한 이후, 전 세계 수많은 이들이 '수익'과 '가치'가 함께하는 새로운 길에 눈을 뜨게 되었다. 과거에는 이윤 창출만이 기업의 존재 이유라 여겨졌지만, 이제는 사회적 가치를 함께 만들어 가는 기업이야말로 진정한 지속 가능성을 가진다고 믿는 사람들이 점점 더 많아지고 있다. 그 변화의 물결은 교육, 환경, 보건, 고용 등 사회 곳곳으로 번져가며, '어떻게 이익을 낼 것인가'보다 '어떻게 사람을 돕고 세상을 변화시킬 것인가'에 초점이 맞춰진다.

이제 사람들은 단순히 잘되는 사업을 넘어서, '누군가에게 꼭 필요한 일'을 해내는 사업을 꿈꾼다. 이익을 내는 동시에 세상을 조금 더 나은 방향으로 이끌 수 있다면, 그보다 더 의미 있는 일이 있을까. 경제적 성과와 사회적 기여가 대립하지 않고, 오히려 서로를 강화하는 구조 속에서 일하는 사람들은 일상의 피로 속에서도 깊은 보람을 느낀다. 제품 하나, 서비스 하나에도 사람을 향한 따뜻한 시선과 고민이 스며 있고, 기업의 성장에는 함께한 이웃과 공동체의 웃음이 배어 있다.

하지만 이 길은 결코 평탄하지 않다. 사회 문제는 언제나 복잡하고, 변화는 더디게 찾아온다. 소셜 비즈니스 모델을 세우고 운영하는 과정은 반복되는 좌절과 끈질긴 질문의 연속이다. 과연 이 방식이 맞는가? 우리는 사회에 어떤 파장을 줄 수 있는가? 이 일은 지속될 수 있는가? 수없이 되묻게 된다. 때로는 의도한 선한 영향이 왜곡되기도 하고, 수익과 가치 사이에서 균형을 잃기도 한다. 투자자와 소비자의 기대, 팀원들의 피로감, 제도적 장벽 등 현실의 벽은 생각보다 높고 단단하다.

그럼에도 불구하고 이 여정을 시작하는 이유는 분명하다. 그 시작점에는 언제나 '사람'이 있기 때문이다. 도움이 필요한 누군가의 얼굴, 소외된 목소리, 외면당하던 삶의 조각들이 우리로 하여금 멈추지 않게 만든다. 어떤 이는 지구 반대편의 아이를 떠올리며 시작했고, 또 어떤 이는 자신의 가족, 동료, 지역사회를 생각하며 이 길에 들어섰다. 그 마음의 진심이야말로 소셜 비즈니스의 가장 깊은 동력이다.

소셜 비즈니스는 이처럼 '수익'이 아닌 '의미'에서 출발한다. 그리고 그 의미는 단지 슬로건이나 마케팅 문구가 아닌, 실질적이고 구체적인 실천에서 비롯된다. 진심에서 비롯된 일에 비로소 사람들의 마음이 열리고, 그 진심이 시장에서 신뢰를 얻을 때, 지속 가능한 수익으로 되돌아온다. 이윤은 목적이 아니라 결과가 되며, 사람 중심의 철학은 곧 기업의 정체성이자 방향이 된다.

이 책은 그런 진심을 가진 누군가에게 꼭 닿기를 바라는 마음으로 쓰였다. 어쩌면 누군가는 아직 시작을 망설이고 있을지 모른다. '내가 해도 될까?' '과연 지속 가능할까?' 수많은 질문 앞에서 발걸음을 내딛지 못한 이들에게, 이 글이 작지만 따뜻한 불빛이 되기를 바란다. 또 어떤 이는 외로운 길을 걷고 있을지도 모른다. 주변의 무관심, 불안정한 재정, 보이지 않는 미래 속에서 지쳐 있는 이들에게 이 글이 '당신은 혼자가 아니다'라는 메시지를 건넬 수 있다면, 그것이 이 책의 존재 이유일 것이다.

모든 변화는 아주 작은 한 걸음에서 시작된다. 그 한 걸음은 때로 눈에 띄지 않을 만큼 작고 조용하지만, 바로 그 걸음이 역사의 흐름을 바꾸고, 수많은 이들의 삶을 움직인다. 지금도 세상의 어딘가에서 묵묵히 행동하는 사람들 덕분에 우리 사회는 조금씩 나아지고 있다. 그리고 오늘, 이 글을 읽는 당신도 그 변화의 한가운데에 서 있다.

당신의 진심을 담은 도전이 결국 누군가에게 희망이 되고, 더 나은 내일을 여는 열쇠가 되기를. 사회적 가치를 위해 오늘도 고민하고 실천하는 당신의 길을, 진심으로 응원한다.

부록

We Were All Born Entrepreneur

1.1 해결 가능한 범위의 사회문제 도출 방법(가이드)

문제가 되는 사람 또는 상황	대표자가 문제라고 생각하는 사회 문제의 당사자 또는 상황의 상태는 어떠한가?

↓

문제가 발생하게 된 원인	(해당 시점에서) 사람 또는 상황이 처한 문제의 원인은 무엇인가?

↓

문제가 해결되지 않는 원인	(현재 시점에서) 사람 또는 상황이 처한 문제의 원인은 무엇인가?

↓

문제의 해결 방안	해당 상태의 원인을 어떻게 해결하고자 하는가?

1.2 해결 가능한 범위의 사회문제 도출 방법

문제가 되는 사람 또는 상황	

↓

문제가 발생하게 된 원인	

↓

문제가 해결되지 않는 원인	

↓

문제의 해결 방안	

2.1 사회 문제 정의 및 분석 구성(가이드)

사회 문제의 사회적 중요성 및 사업 필요성	문제가 되는 사람 또는 상황	대표자가 문제라고 생각하는 사회 문제의 당사자 또는 상황의 상태는 어떠한가?
	↓	
	문제가 발생하게 된 원인	(해당 시점에서) 사람 또는 상황이 처한 문제의 원인은 무엇인가?
	↓	
	원인에 대한 객관적인 자료	(해당 시점에서) 사람 또는 상황이 처한 문제의 원인에 대한 객관적인 자료가 존재하는가?

↓

문제의 본질에 대한 접근 및 분석	문제가 해결되지 않는 원인	(현재 시점에서) 사람 또는 상황이 처한 문제 사회적·경제적·문화적 원인은 무엇인가?
	↓	
	원인에 대한 객관적인 자료	(현재 시점에서) 사람 또는 상황이 처한 문제의 원인에 대한 객관적인 자료가 존재하는가?

↓

종전의 문제 해결 방법 및 그 방법의 장단점 분석	종전의 문제 해결 방법	같은 사회 문제를 해결하고자 하는 기관은 어떠한 곳이 존재하는가?
	↓	
	종전의 문제 해결 방법의 틈	각 기관의 제시한 해결 방안은 무엇이고, 그 방안이 고려하고 있지 못한 부분은 무엇인가?

2.2 사회 문제 정의 및 분석 구성

사회 문제의 사회적 중요성 및 사업 필요성	문제가 되는 사람 또는 상황	
	↓	
	문제가 발생하게 된 원인	
	↓	
	원인에 대한 객관적인 자료	

↓

문제의 본질에 대한 접근 및 분석	문제가 해결되지 않는 원인	
	↓	
	원인에 대한 객관적인 자료	

↓

종전의 문제 해결 방법 및 그 방법의 장단점 분석	종전의 문제 해결 방법	
	↓	
	종전의 문제 해결 방법의 틈	

3.1 기업의 소셜 미션 구성 테블릿(가이드)

종전의 문제 해결 방법 및 그 방법의 장단점 분석	종전의 문제 해결 방법	같은 사회 문제를 해결하고자 하는 기관은 어떠한 곳이 존재하는가?
	↓	
	종전의 문제 해결 방법의 틈	각 기관의 제시한 해결 방법은 무엇이고, 그 방안이 고려하고 있지 못한 부분은 무엇인가?

↓

실현 가능한 해결 방법
우리는 이를 어떻게 해결할 것인가?

↓

소셜 미션
우리는 (해결 가능한 범위의 사회 문제)를 (실현 가능한 해결 방법)을 통해 해결할 것이다.

↓

우리가 창출하는 정량적 사회적 가치	우리가 창출하는 정성적 사회적 가치
우리의 모델을 통해 어떠한 수치화된 변화를 이룰 것인가?	우리의 모델을 통해 어떠한 수치화할 수 없는 변화를 이룰 것인가?

3.2 기업의 소셜 미션 구성 테블릿

종전의 문제 해결 방법 및 그 방법의 장단점 분석	종전의 문제 해결 방법	
	↓	
	종전의 문제 해결 방법의 틈	

↓

실현 가능한 해결 방법

↓

소셜 미션

↓

우리가 창출하는 정량적 사회적 가치	우리가 창출하는 정성적 사회적 가치

4.1 사회적기업가 정신 항목(가이드)

지식	무엇을 전공했고 어떤 분야에서 경력을 쌓았나?
역량	내가 가장 잘하는 일은 무엇인가?
네트워크	다른 영역의 전문가를 알고 있는가? 지인 중 창업에 성공한 사람이 있는가?
재원	자금 조달 방법에는 어떤 것이 있는가? 얄팍한 통장 하나만 믿고 사업을 시작해도 될까?
인지도	나는 전문가로서 인정받고 있는가? 사람들은 나를 어떤 사람으로 인지하고 있는가?
경험	이전에 일하던 분야에서 고객 불편이나 비효율성을 발견한 적이 있는가?
특정 산업 혹은 시장에 대한 관심	서비스 개선에 관한 아이디어가 떠오르면 신이 나는 이유는 무엇일까? 내가 열정을 보이는 곳은 어디인가?
사명감	나는 지금 새로운 도전에 시간과 노력을 투자할 각오가 되어 있는가? 기업가의 길이 인생 최대의 목표라고 자신할 수 있는가?

자료 출처: Aulet, 2014: pp. 41-42.

4.2 사회적기업가 정신 항목

지식	
역량	
네트워크	
재원	
인지도	
경험	
특정 산업 혹은 시장에 대한 관심	
사명감	

자료 출처: Aulet, 2014: pp. 41-42.

5.1 사업 아이템 소개(가이드)

아이템명	제품 또는 서비스를 한눈에 파악할 수 있는 간결하고 직관적인 이름을 작성

↓

아이템 유형	제품인지 서비스인지, 기술 기반인지, 커뮤니티 기반인지 등의 유형을 작성

↓

핵심 콘셉트	아이템이 제공하는 본질적인 가치 또는 차별성을 나타내는 문장으로 "누구에게 어떤 방식으로 어떤 변화를 줄 것인가"를 중심으로 작성

↓

주 고객층 (사용자)	실제 제품이나 서비스를 직접 사용하는 사람을 의미하며 연령, 특성, 사용 목적 등을 구체적으로 작성

5.2 사업 아이템 소개

아이템명	

↓

아이템 유형	

↓

핵심 콘셉트	

↓

주 고객층 (사용자)	

6.1 시장 분석(가이드)

구분	내용
(자료 1)	• 전국 약 1,036만 명(통계청, 2024년 추계) • 서울·경기 약 375만 명(KOSIS 지역별 인구 통계, 2024년 기준)
(자료 2)	• 약 32.4%(고용노동부, 2023년 고령자 고용동향)
(자료 3)	• 약 45%(한국노인인력개발원, 2023년 '노인 일자리 만족도조사')

6.2 시장 분석

구분	내용
(자료 1)	
(자료 2)	
(자료 3)	

7.1 차별화 전략(가이드)

아이템의 필요성	대표자는 왜 해당 아이템이 필요하다고 생각하는가?

↓

(기존 아이템이 존재할 시) 불편 인식	기존 아이템은 어떠한 불편을 야기했는가?

↓

불편의 원인	해당 아이템의 부재 또는 기존 아이템이 야기하는 불편의 원인은 무엇인가?

해결 가능한 범위의 아이템	해당 원인을 해결한 아이템을 제공하고자 한다.

7.2 차별화 전략 흐름

아이템의 필요성	

↓

(기존 아이템이 존재할 시) 불편 인식	

↓

불편의 원인	

해결 가능한 범위의 아이템	

8.1 SWOT 분석(가이드)

강점(Strength)	약점(Weakness)
조직의 자원, 기술력, 브랜드, 팀 역량, 자금력, 운영 방식 등 내부 역량 중 경쟁 우위에 있는 것	조직의 자원, 기술력, 브랜드, 팀 역량, 자금력, 운영 방식 등 내부 역량 중 경쟁 열위에 있는 것
기회(Opportunity)	위협(Threat)
산업 트렌드, 정부 정책, 경쟁 환경, 사회적 수요, 법/제도 변화 등 외부 환경적 요소가 기업의 목적 달성에 유리한 것	산업 트렌드, 정부 정책, 경쟁 환경, 사회적 수요, 법/제도 변화 등 외부 환경적 요소가 기업의 목적 달성에 불리한 것

8.2 SWOT 분석

강점(Strength)	약점(Weakness)
기회(Opportunity)	위협(Threat)

9.1 소셜 비즈니스 모델 체크리스트

순번	항목	체크
1	우리 서비스/제품은 초기 고객이 직접 비용을 지불하고 사용하는가?	B2C
2	초기 수익의 대부분이 개인 고객으로부터 발생하는가?	B2C
3	수혜자와 사용자, 비용부담자가 동일한가?	B2C
4	초기 제품이나 서비스를 기업에게 판매하거나 제공하고 있는가?	B2B
5	기업의 CSR, ESG, 복지예산 등과 연계된 초기 프로그램인가?	B2B
6	기업 입장에서 사회적 가치 외에도 내부 니즈(교육, 고용 등)를 충족하는가?	B2B
7	정부·지자체·공공기관이 초기 주요 고객 또는 수익원이 되는가?	B2G
8	위탁, 보조금, 공공 프로젝트, 성과기반 지원 사업과 연계되어 있는가?	B2G
9	정책 목적이나 사회적 공익 실현이 계약 조건에 명시되어 있는가?	B2G
10	초기 유료 고객의 수익 일부를 사용해, 다른 취약계층에게 무상으로 제공하고 있는가?	교차 보조
11	초기 유료 고객과 무상 수혜자가 명확히 구분되어 있는가?	교차 보조
12	사회적 형평성 또는 포용성 실현을 위해 가격 차등 구조를 적용하고 있는가?	교차 보조
13	초기 운영 비용 중 상당 부분이 기업, 재단, 개인의 기부 또는 후원에 의해 충당되는가?	후원 기반
14	초기 수익 구조가 프로젝트성, 공모사업, 크라우드 펀딩 등에 의존하는가?	후원 기반
15	후원이 종료될 경우 사업 지속에 구조적 어려움이 생기는가?	후원 기반

10.1 가격 설정 전략(가이드)

순번	항목	작성 방법
1	제품/서비스명	우리 조직이 제공하는 제품 또는 서비스의 명칭을 작성
2	주요 고객 (사용자)	실제로 이 서비스를 사용하는 주요 고객의 연령, 성별, 특성 등을 구체적으로 작성
3	수혜자와 사용자 구분	수혜자, 사용자, 비용부담자가 각각 누구인지 구체적으로 구분하여 작성
4	고객이 기대하는 가치	고객은 이 서비스를 통해 무엇을 얻고자 하는가? 감정적/기능적 측면에서 정리
5	제공하는 핵심 가치	이 서비스가 고객에게 제공하는 가장 중요한 가치는 무엇인가?
6	경쟁 상품/서비스와 비교	유사한 제품/서비스는 어떤 것이 있고, 가격·품질·가치 측면에서 어떻게 다른가?
7	가격 민감도 분석	고객이 지불할 수 있는 가격의 범위는 어느 정도이며, 어떤 가격대에 부담을 느끼는가?
8	사회적 가치 반영 정도	이 서비스가 갖는 사회적 의미는 무엇이며, 이를 통해 고객이 느낄 수 있는 감동 또는 신뢰 요소는 무엇인가?
9	가격 책정 방식	어떤 가격 책정 방식을 적용할 것인지 체크하고, 그 이유를 간단히 작성 (원가 기반/가치 기반/기부/후불제/교차보조 등)
10	실현 가능한 수익 모델	적용 가능한 수익 모델은 무엇이며 해당 모델에서의 수익 흐름을 간략히 설명
11	할인/보조 전략	취약계층, 초기 고객, 대량 이용자 등을 위한 할인 또는 보조 전략이 있다면 구체적으로 작성
12	가격 커뮤니케이션 전략	고객에게 가격을 어떻게 설명할 것인가? 설득 메시지를 포함하여 설명 방식을 작성
13	향후 확장 가능성	가격 구조 또는 수익 모델을 어떤 방향으로 확장하거나 조정할 계획인지 서술
14	최종 책정 가격	위 모든 항목을 고려했을 때, 서비스 1회 기준 가격 또는 단가를 명확히 수치로 작성

10.1 가격 설정 전략

순번	항목	작성 방법
1	제품/서비스명	
2	주요 고객 (사용자)	
3	수혜자와 사용자 구분	
4	고객이 기대하는 가치	
5	제공하는 핵심 가치	
6	경쟁 상품/서비스와 비교	
7	가격 민감도 분석	
8	사회적 가치 반영 정도	
9	가격 책정 방식	
10	실현 가능한 수익 모델	
11	할인/보조 전략	
12	가격 커뮤니케이션 전략	
13	향후 확장 가능성	
14	최종 책정 가격	

11.1 사회적 가치(가이드)

순번	항목	작성 방법
1	해결하고 있는 사회 문제	• 현재 해결하고자 하는 사회 문제를 구체적이고 객관적인 데이터(통계, 연구, 뉴스 등)를 기반으로 명시 • 문제의 규모, 심각성, 그리고 사회적 영향을 함께 서술 • 해당 문제로 인한 당사자의 경험, 고통, 제약 등을 드러내는 것이 효과적
2	기존 제도/ 서비스의 한계	• 지금까지 해당 문제를 해결하기 위해 존재했던 정책, 제도, 서비스가 어떤 한계를 가지고 있었는지 서술 • 한계는 접근성, 실효성, 범용성, 지속 가능성 등의 측면에서 서술 • "왜 기존 방식만으로는 충분하지 않았는가?"를 설명
3	사업 개입 방식	• 본 소셜 비즈니스가 해당 문제 해결에 어떻게 개입하고 있는지를 구체적으로 설명 • 제품 또는 서비스가 문제에 어떻게 반응하는지, 당사자와 어떤 관계를 맺는지, 어떤 방식으로 참여시키는지 등을 명시 • 차별화된 실행 방식이 있다면 강조
4	사회적 변화/성과	• 사업이 실제로 만들어낸 변화(고용, 소득, 인식 개선, 자립 등)를 수치화하거나 스토리텔링 방식으로 기술 • 정량적 성과(고용 인원 수, 지속 기간, 참여율 등)와 정성적 성과(자신감 회복, 공동체 형성 등)를 병행해 작성
5	파급 효과 및 확장성	• 현재 모델이 다른 지역, 계층, 산업으로 확장될 수 있는 가능성을 설명 • 확장이 가능한 이유(보편성, 구조의 단순성, 유사 수요 존재 등)를 제시하고, 향후 계획 또는 비전을 덧붙임 • 사회적 가치의 지속성과 연결된 확장 전략이 있으면 함께 기술

11.2 사회적 가치

순번	항목	작성 방법
1	해결하고 있는 사회 문제	
2	기존 제도/ 서비스의 한계	
3	사업 개입 방식	
4	사회적 변화/성과	
5	파급 효과 및 확장성	

12.1 경제적 가치(가이드)

순번	항목	작성 방법
1	수익 창출 구조	• 주요 고객(또는 비용부담자)은 누구이며, 어떤 방식(B2C, B2B, B2G 등)으로 수익이 발생하는지를 설명 • 제품/서비스가 고객에게 전달되는 유통경로 및 수익 발생 경로를 함께 명시
2	단가 및 수익성	• 제품 또는 서비스의 평균 단가, 매출 구조, 고객당 평균 구매 금액 등을 수치로 제시 • 마진율, 고정비와 변동비 구조를 함께 간단히 설명하며, 수익성과 연결
3	구조적 효율성	• 기존 제도 또는 시장 방식에 비해 더 낮은 비용으로 동등 이상의 효과를 낼 수 있는 구조임을 설명 • ROI, 비용 대비 편익(Benefit-Cost Ratio) 등 지표를 예시로 제시하면 효과적
4	일자리 및 소득 창출	• 채용 인원 수, 대상군(청년, 경력단절여성, 고령자 등), 정규직/비정규직 유형 등을 설명 • 참여자의 소득 변화, 경력 개발 가능성도 함께 설명
5	사업 자립 가능성	• 총 운영비 대비 자체 수익 비율을 제시하며, 정부지원금·기부금 등의 외부 의존도도 함께 설명 • 향후 자립 기반 확보 방안을 구체적으로 제시 • 사회적 가치의 지속성과 연결된 확장 전략이 있으면 함께 기술
6	성장성 및 확장성	• 현재 매출 성장률, 재구매율, 고객 증가 추이 등의 데이터를 활용 • 타 지역 확장, 신규 고객층 진입, 제품 다변화 등의 전략도 포함함
7	지역사회 기여	• 지역 인력 채용, 지역 생산자와의 협업, 지역 순환경제 참여 여부를 설명 • 로컬 브랜드와의 연계나 지역 자원의 활용 방안도 함께 포함

12.1 경제적 가치

순번	항목	작성 방법
1	수익 창출 구조	
2	단가 및 수익성	
3	구조적 효율성	
4	일자리 및 소득 창출	
5	사업 자립 가능성	
6	성장성 및 확장성	
7	지역사회 기여	

참고 자료

강욱모 · 심창학. 2013. 『사회적 기업을 말한다 : 이론과 실제』. 서울: 오름.

고용노동부. 2025. 『2025년도 사회적기업 인증 업무지침』. 미발간 자료.

노동부. 2008.「사회적기업 육성 기본계획(2008 ~ 2012)」. 미발간 자료.

한국사회적기업진흥원. 2025. 『2025년도 사회적가치지표 활용 매뉴얼』. 미발간 자료.

Aulet, B. 2015.「스타트업 바이블: 24단계 MIT 창업 프로그램」. 백승빈 역. 서울: 비즈니스북스.

Bornsteing, D. 2012. 『사회적 기업가 정신』. 박금자 · 심상달 역. 서울: 지식공작소.

Kerlin, J. 2010. 『사회적기업 국제비교』. 조영복 역. 서울: 시그마프레스.

소셜 비즈니스
모델

초판 1쇄 발행 2025. 8. 29.

지은이 김동욱
펴낸이 김병호
펴낸곳 주식회사 바른북스

편집진행 황금주
디자인 김민지
마케팅 송송이 박수진 박하연

등록 2019년 4월 3일 제2019-000040호
주소 서울시 성동구 연무장5길 9-16, 301호 (성수동2가, 블루스톤타워)
대표전화 070-7857-9719 | **경영지원** 02-3409-9719 | **팩스** 070-7610-9820

•바른북스는 여러분의 다양한 아이디어와 원고 투고를 설레는 마음으로 기다리고 있습니다.
이메일 barunbooks21@naver.com | **원고투고** barunbooks21@naver.com
홈페이지 barunbooks.com | **공식 블로그** blog.naver.com/barunbooks7
공식 포스트 post.naver.com/barunbooks7 | **페이스북** facebook.com/barunbooks7

ⓒ 김동욱, 2025
ISBN 979-11-7263-551-0 03320

•파본이나 잘못된 책은 구입하신 곳에서 교환해드립니다.
•이 책은 저작권법에 따라 보호를 받는 저작물이므로 무단전재 및 복제를 금지하며,
 이 책 내용의 전부 및 일부를 이용하려면 반드시 저작권자와 도서출판 바른북스의 서면동의를 받아야 합니다.